AF312163

LES MARTYRS

CONFESSEURS DE LA VÉRITÉ DÉMOCRATIQUE.

LES

MARTYRS

CONFESSEURS

DE LA VÉRITÉ DÉMOCRATIQUE

PUBLICATION DE LA LIGUE DES PEUPLES.

PREMIÈRE LIVRAISON.

SOMMAIRE :

Introduction ; — Robert Blum, martyr allemand ;—Adolphe de Truetzschler, martyr allemand ; — Robert Emmet. martyr irlandais ; — Costabile Carducci, martyr italien ; — Martyrologe du Peuple roumain en 1848 et 1849 ; — Les Treize Généraux hongrois ; — Edward Fitzgerald, martyr irlandais ; — Le Peuple français ; — Madame F.-V. Maderspach, martyre hongroise.

PARIS

A L'ADMINISTRATION DE LA LIGUE DES PEUPLES,
24, RUE BUFFAULT,
ET CHEZ LES ÉDITEURS-CORRESPONDANTS DE LA SOCIÉTÉ.

1850.

Paris — Imprimerie FREYE et Comp., rue J.-J.-Rousseau, 13.

LES
MARTYRS

CONFESSEURS
DE LA VÉRITÉ DÉMOCRATIQUE.

Publication de la Ligue des Peuples.

TOME PREMIER.

PARIS,

A L'ADMINISTRATION DE LA LIGUE DES PEUPLES,

RUE BUFFAULT, 24,

Et chez les Éditeurs-Correspondants de la Société.

1850.

INTRODUCTION.

I.

Cette œuvre est pour rendre témoignage à la Solidarité universelle confessée dans le sang et les larmes par tous les Peuples : Solidarité démocratique, seule vraie, féconde, éternelle.

Quiconque n'a pas souffert ou n'est point prêt à souffrir pour elle, ne peut comprendre ce livre. Celui-là est impuissant à sentir la gloire des martyrs : son cœur ne peut en être ému, il n'est pas Démocrate. Malheur à l'homme qui se dit Démocrate et qui n'est pas animé de l'esprit qui fait les martyrs : à cause de lui, sa patrie sera dans l'affliction. Mais bien plus malheur à la nation qui se laisse guider par un tel homme : l'esprit d'égoïsme pèse sur elle et la fera fléchir devant ses ennemis.

La mort fait d'illustres martyrs ; la prison et l'exil en créent aussi, mais les plus grands de tous, ce sont les martyrs de vie ! Vivre démocratiquement est plus difficile que de courber la

tête sous la hache, que d'affronter un cachot
ou l'exil; car cette vie entière doit être un sacrifice permanent, une lutte sans repos, un travail éternel sans espérance de salaire. Savoir
mourir, supporter l'isolement d'une prison,
souffrir l'inaction de l'exil, sont actes méritoires;
mais que sont les hommes capables de ces choses
auprès dé celui qui sait soutenir sans fléchir un
instant le combat de la vie?

Il est bien difficile de vivre et de conserver dans
toute sa pureté le souffle démocratique, si difficile, que nul ne peut être offert comme modèle!
C'est au fond de son cœur, c'est en sondant ses
plus secrètes pensées dans le silence des nuits,
c'est en méditant les actes des martyrs confesseurs de la Vérité démocratique, que le Démocrate
doit chercher des forces pour le combat. Ce sont
là des sources pures où se puise un enseignement
réel; le seul, dans nos jours de deuil, capable
de produire des fruits féconds.

Étudier, imiter la vie des martyrs, ce n'est
point toute la tâche du Démocrate : tout en
souffrant pour la cause de l'Humanité, il doit
n'avoir aucun orgueil de son sacrifice. — C'est
là un acte d'abnégation bien difficile à obtenir
des hommes! — Beaucoup acceptent d'ignorer
l'heure du triomphe; beaucoup sont prêts à
subir le martyre; beaucoup encore sont animés
d'un dévouement sans bornes à l'Idée huma-
nitaire; mais bien peu consentent à rester in-
connus du siècle! bien peu se résignent à
n'être glorifiés que dans une postérité qui ne

portera pas leurs noms ! — Voilà l'infirmité de l'Homme, qui ne peut être guérie que par les Peuples seulement. Que les Peuples n'adorent plus d'idoles ; c'est-à-dire, qu'ils cessent de s'attacher à des noms : et les hommes ne chercheront plus à s'ériger en idoles, à se faire un nom. Dès que les dieux humains n'auront plus d'encenseurs, nul n'essaiera de monter sur l'autel des idoles !

Entendez et comprenez, Peuples, si vous voulez être solidaires, c'est-à-dire libres, égaux et frères !....

II.

Nous n'avons que faire de chercher des paroles pour émouvoir les cœurs au nom de l'Alliance des Peuples. — Est-ce que cette Alliance n'est pas déjà conclue entre tous les Peuples?

La Vérité démocratique est apparue, et partout elle a trouvé des apôtres qui ont donné leur sang pour rendre témoignage en son nom : voilà l'Alliance. Pour frapper les imaginations, quelle parole pourrait être plus puissante que cet apostolat universel !

Les croyants qui sont morts nous ont montré la route à suivre : ils sont morts libres, égaux et frères ; ils sont morts solidaires. Vous qui vivez et qui croyez aussi, consentez donc à humilier votre orgueil devant la loi de solidarité : daignez être libres, égaux et frères !

Une même mort a affranchi les martyrs : ayons une même vie pour briser tous les fers.

Le supplice a proclamé l'Egalité de tous les morts : que la lutte en commun fasse égaux tous les vivants.

Par leur sang, par leurs soupirs, par leur amour démocratique, les martyrs se sont montrés tous frères : que notre cœur mis à nu décèle notre fraternité.

Pourquoi s'affaisser dans le découragement, alors que tant de champions luttent encore?

Pourquoi combattre dans l'isolement, alors que notre union seule peut nous donner les forces nécessaires pour triompher?

Pourquoi tant de haine et de jalousie, alors que tous les cœurs doivent être semblables?

Où est l'homme s'arrogeant le droit de déserter la bataille? Qui donc prétend vaincre seul? Quel est celui qui ose se placer au-dessus de ses frères? Il ne peut se dire Démocrate.

Démocrates, que la solidarité du présent accable, ne saurions-nous être solidaires en vue de l'Avenir?

Italiens, Roumains, Polonais, Hongrois, Allemands, Irlandais, Espagnols, Français, et bien d'autres, sont tombés en confessant la même Vérité démocratique ; pourquoi les mêmes Peuples, qui comptent tous de si glorieux martyrs, n'ont-ils pas su combattre et triompher en commun? Pourquoi n'ont-ils pas consacré sur la terre la Solidarité qu'ils ont scellée dans le tombeau?

C'est que les conducteurs des Peuples ont trompé les Peuples : ils les ont maintenus dans l'isolement afin de mieux les dompter, car ils n'avaient qu'hypocrisie dans le cœur et mensonge sur les lèvres lorsqu'ils invoquaient l'esprit démocratique!

III.

Après une rude et longue servitude, lorsqu'un Peuple se lève, il lui arrive parfois dans un moment de colère d'écraser quelques-uns de ses vampires. Mais bientôt, profitant de l'isolement où se trouve ce Peuple régénéré, l'Absolutisme ne tarde pas à reprendre sa toute-puissance. Alors les vaincus de la veille, vainqueurs du lendemain, demandent compte du sang versé pendant l'heure d'une révolution. Elles sont chèrement payées les vies impures qu'un Peuple détruit un jour d'indignation. L'Absolutisme ne pardonne pas : il exige que le Peuple rachète le sang de bourreau qu'il a répandu ; il faut qu'il le paie dix fois et encore dix fois !

Sang pour sang, larmes pour larmes, soupirs pour soupirs : qu'ainsi soit faite la volonté de l'Absolutisme, puisqu'il ne trouve pas d'autres voies pour solder le compte pendant entre les Peuples et les Oppresseurs. Cependant, comme toujours, les Peuples seront généreux : pour racheter chaque goutte de sang impur qu'ils ont répandue, ils donneront un fleuve de leur propre sang! et l'Absolutisme en redevra encore aux Peuples toute une vaste mer!

Il y a si longtemps qu'il coule le sang des Peuples!...

Ah ! combien la Terre doit être féconde !
quelle rosée les martyrs ont versée sur elle !....

Elles ne se fermeront donc jamais les veines
des nations ? La vie s'en échappe à flots pressés :
auprès de ces flots, les fleuves de la Terre sont
comme des ruisseaux !

Qui donc cicatrisera les plaies de l'Humanité ?

Une multitude d'hommes se sont présentés
pour tenter ce grand œuvre ; tous ont dit :
« J'arrêterai le sang, je tarirai les larmes, je
calmerai les soupirs, je sècherai les sueurs ; »
et, à peine choisis pour remplir leur mission,
tous ont pactisé avec les bourreaux !...

Et, toujours en vain, les Peuples appellent
le règne de la Justice ; et la Justice ne vient
pas ! — Comment peut-elle venir, il n'y a
pas de Justicier ! — Pour être le Justicier
qui donne la Justice, il faut dire à l'Humanité : « Lève-toi et marche ! » puis prendre sa
place sur son lit de misère ; car ce lit ne peut
rester vide pendant l'accomplissement de l'acte
de rédemption ! — Un seul a agi ainsi il y a
dix-huit siècles ; depuis lors, nul n'est venu !

Le martyr de la mort a donné l'exemple ;
mais le martyr de vie n'est pas encore apparu !

C'est que pour vaincre la mort qui pèse sur
les Peuples, il faut avoir su vivre, il faut avoir
porté une croix plus lourde que celle qui mène
au tombeau. En vérité, il est plus difficile de
vivre que de mourir !

Cependant, ne nous lassons pas de crier et
d'appeler ; il faut bien enfin que quelqu'un

vienne ! Peut-être, à défaut d'un homme, surgira-t-il un Peuple ?

Mais que nul ne dise à sa nation : « Attendons dans le repos l'Homme ou le Peuple qui doit apporter la délivrance. » Il n'y aura de délivrance que pour les Peuples qui se seront levés pour combattre. La nation qui ne fera rien n'aura rien ; elle cessera d'être nation.

IV.

Ce n'est plus dans les cirques, comme aux premiers siècles de la Démocratie, que les martyrs confessent la Vérité. Aujourd'hui ils tombent sur les champs de bataille ; ils montent à l'échafaud : le couteau les frappe à la tête, les balles au cœur ; souvent on les trouve au bout d'une corde !

Il est peu de pavés dans les villes qui n'aient bu le sang des martyrs atteints par le triangle égalitaire des rois ; il n'est pas de murailles dans bien des forteresses qui n'aient vu tomber à leurs pieds un défenseur de la Vérité ; il n'est point d'arbres sur beaucoup de routes qui n'aient porté le corps d'un soldat de la Démocratie. Dans quelques pays, le Peuple se découvre en passant devant une potence : il y a salué si souvent les restes vénérés des champions de sa patrie que l'instrument d'un supplice infâme est devenu sacré pour lui !

V.

Nous venons ouvrir la marche des Saints

Suppliciés ; marche funèbre et triomphale : funèbre pour les bourreaux, triomphale pour les martyrs ; ne nous montre-t-elle pas le signe par lequel nous vaincrons le Passé ?

Parmi quels Peuples prendrons-nous les martyrs ?

Partout où l'on est mort pour l'Humanité ; partout où l'on a souffert pour elle ; partout où c'est elle qu'on a voulu frapper en frappant les Peuples.

Qu'importe ! si le mort glorieux, si le captif ou l'exilé, a failli une fois ; qu'importe, dès qu'il a subi le martyr en Démocrate ?

Pardonnons aux hommes qui ont faibli devant l'Idée, qui n'ont pu la regarder en face sans être aveuglés un moment par son éclat ; pardonnons-leur s'ils ont été martyrisés en confessant l'Idée !

Celui qui donne son sang, sa liberté, ses foyers, pour la cause des Peuples, sans témoigner de regrets, celui-là efface bien des fautes de sa vie.

Nous dirons le nom de la patrie des martyrs, pour offrir un exemple à leurs concitoyens ; mais que nul ne s'enorgueillisse du grand nombre de saints que sa patrie a donné au monde : les Saints-Martyrs sont de toutes les patries, eux seuls ont reconnu la Solidarité.

Les Saints-Martyrs n'ont qu'une Patrie : c'est la Démocratie. Soyons comme eux, si nous voulons que cette Patrie commune, qui a vaincu pour les morts, triomphe aussi pour les vivants.

Au nom de la Liberté, de l'Egalité, de la Fraternité, les Saints-Martyrs sont morts; vivons et combattons en ce même nom pour le salut et le bonheur éternel des Peuples!...

Eugène Carpentier.

Paris, octobre 1850.

Avertissement des Editeurs.

Tous les articles de cette publication ont été soumis à un Comité de rédaction où les droits de tous les Peuples sont représentés.

Toutes les précautions ont été prises pour que chaque nationalité ait une part égale devant l'histoire. Nous n'acceptons donc pas la responsabilité des omissions; elle retombe entièrement sur la tête des hommes qui ont préféré courtiser l'Absolutisme pour se faire pardonner une heure de Démocratie, plutôt que de révéler les douleurs de leur nation en nous fournissant les documents nécessaires pour plaider sa cause au tribunal de l'Humanité.

Pour les noms propres, nous nous sommes conformés à l'orthographe de chaque Peuple. Nous avons suivi le style des nationalités pour les dates.

LES MARTYRS.

AVANT-PROPOS.

Depuis deux ans, les Peuples ont vu succomber par milliers leurs enfants pour la cause démocratique, soit sur les barricades, à Vienne, à Berlin, à Francfort, à Dresde, à Paris, à Livourne, à Turin, à Rome, à Milan, à Naples, à Palerme; soit sur les champs de bataille de Bade, de la Hongrie, de l'Italie ; soit sur les échafauds dressés par Windischgraetz, le prince de Prusse et leurs émules. Morts pour la Liberté, chacun d'eux, au même titre, a droit aux hommages reconnaissants de tous les Peuples. Gloire à eux, car ils ont eu foi en l'avenir! Gloire à eux, car ils ont montré à la postérité comment on pourrait vaincre les tyrans!

Nous voudrions ici dire les souffrances de tous; mais, si aujourd'hui nous nous bornons à raconter la mort de quelques-uns seulement, nous espérons, avec le temps, faire une suite à notre entreprise et donner une page à chacun. Les premiers dont nous allons parler ont été désignés d'avance à notre choix par les Peuples : ce sont ces vigoureux champions de la Démocratie que les nations avaient appelés à leur tête. Que l'histoire soit juge de leurs actions; qu'elle dise si les chefs ont été dignes des soldats!

ROBERT BLUM

Martyr allemand,

Mis à mort à Vienne, le 8 novembre 1848.

Au nom de Robert Blum, il n'est pas de cœur généreux qui n'éprouve une pénible émotion. Assassiné par un pouvoir sans pudeur qui osa porter une main sacrilége sur un des représentants de l'Allemagne, cette victime des fureurs d'un despote sanguinaire imprimera à jamais l'infamie sur son bourreau.

Robert Blum passa sa jeunesse à l'école du malheur. Fils d'un pauvre tonnelier de Cologne, la mort prématurée de son père le laissa sans ressource, livré aux étreintes de la faim. Les grandes âmes se forment dans l'adversité. Il faut avoir souffert pour comprendre la souffrance des autres. Le jeune Robert partagea les angoisses du Prolétaire : il se souvint plus tard.

A l'âge de dix ans, Robert Blum fut recueilli par

un pasteur qui lui fit servir la messe. Plus tard
il entra comme apprenti chez un ferblantier puis
enfin comme commis chez un négociant qui, frappé
de son intelligence et de sa disposition remarquable
au travail, le prit en affection et se proposa même
de lui donner une instruction solide et variée. Mais
l'infortune se plaisait à poursuivre le jeune Blum
et à le faire passer par de nouvelles épreuves. Son
protecteur mourut, et il se vit encore abandonné.
Doué d'une force de caractère peu commune
pour son âge, Robert Blum supporta avec courage
le coup qui le frappait. Dominé par une idée fixe,
celle de s'instruire ; plein d'enthousiasme pour la
belle littérature, après bien des démarches, il parvint enfin à se faire recevoir comme employé au
théâtre de Cologne, puis à celui de Leipzig. Vivant
de la vie intelligente du théâtre, au milieu des chefs-
d'œuvre de la littérature allemande, il s'inspira à ce
foyer du génie, et par suite d'un travail soutenu et
opiniâtre, il put se créer un nom respecté à Leipzig,
où tous les bons citoyens ne tardèrent pas à appré-
cier ses excellentes qualités.

Sa réputation date de 1840. Il publia à cette époque l'almanach politique, « *Vorwaerts* » (en avant!),
qui le fit remarquer. Démocrate par sentiment
autant que par conviction, son passé lui dictait son
avenir. Il souffrait des souffrances du Peuple, et
n'avait qu'une ambition : servir la cause de l'indépendance, et préparer le bonheur de l'Humanité.

Chef des démocrates de Leipzig, il le devint
bientôt de toute la Saxe. Habile organisateur, il
créa une librairie destinée à faire une propagande
démocratique active qui rendit de grands services,
et prépara les populations aux éventualités d'un
avenir entrevu. Il constitua, en outre, un club
politique dont il fut constamment réélu prési-

dent. Robert Blum, convaincu qu'une démocratie ne peut exister sans une réforme religieuse, adopta les principes du néocatholicisme et créa à Leipzig une église de cette secte.

La révolution de février éclata. L'Allemagne ne pouvait rester en arrière d'une régénération qui aussi chez elle avait été préparée de longue main. La ville de Leipzig n'oublia pas que Robert Blum avait été l'apôtre le plus fervent de la liberté, qu'il avait contribué puissamment à cette révolution admirable; elle ne pouvait choisir un représentant plus digne et plus dévoué. Il fut donc envoyé au Vor-parlament de Francfort où il fut nommé membre du comité des Cinquante. Ici, et plus tard encore, lorsqu'il fut appelé à l'Assemblée nationale de Francfort, Robert Blum se montra trop confiant; il eut foi dans les belles paroles des savants et des *soi-disant* libéraux de l'église de Saint-Paul, qui, en Allemagne, aussi bien qu'en France, endormirent le Peuple par des promesses fallacieuses, et laissèrent à la réaction, avec laquelle ils s'entendaient, le temps de se reconnaître et de préparer ses machines de guerre contre la Démocratie. Rigides observateurs d'une légalité mensongère, ils surent très bien la diriger contre le Peuple, mais contre le Peuple seulement. Sous l'impression d'une illusion complète, lorsque Hecker fit son appel aux armes, Robert Blum refusa de s'y associer. Il espérait et voulait conquérir par la voie *soi-disant* légale, l'unité et la liberté de l'Allemagne. Revenu bientôt de son erreur, il vit le piége tendu à la Démocratie, et protesta solennellement au nom de l'opposition parlementaire contre ces tentatives rétrogrades de la majorité de l'Assemblée. S'élevant à la plus haute éloquence, il fit un dernier effort, et l'exhorta à déclarer la Hongrie, la Pologne et l'Italie indépendantes, à aider à la régénération de ces Peuples en envoyant l'armée de l'Empire à leur secours. C'était un beau rôle pour l'Allemagne ; mais la majorité égoïste et corrompue de l'Assemblée ne voulut pas comprendre ou feignit de ne pas comprendre ces nobles accents ; elle passa dédaigneusement à l'ordre du jour. Dès lors, Robert Blum, convaincu que la Démocratie n'avait plus rien à espérer d'une Assemblée timorée et gagnée en grande partie à la réaction, se rendit, en octobre 1848, avec ses collègues Frœbel et Hartmann, à Vienne où venait d'éclater une seconde révolution. Le Despotisme attaquait la Démocratie ; soutenu par des traîtres, il prenait l'offensive. Robert Blum n'hésita pas à voler au secours de ses frères de Vienne, et s'engagea comme simple combattant dans la légion académique ; il fut bientôt après élu capitaine de l'une des compagnies de cette légion de héros, l'élite des vaillants défenseurs de Vienne contre Windischgraetz et ses Croates. Un autre motif amenait Robert Blum à Vienne : les Hongrois dans cette ville, c'en était fait de l'Autriche et de sa tyrannie séculaire ! il espérait pouvoir décider l'Assemblée constituante autrichienne à appeler les Hongrois dans la Capitale. L'indécision de ses membres perdit tout, tant il est vrai qu'à l'origine des révolutions les grandes assemblées délibérantes compromettent, si elles ne perdent pas, la cause de la liberté.

Malgré la défense la plus héroïque, on le sait, Windischgraetz entrait à Vienne à la fin d'octobre 1848. Robert Blum, l'un des derniers défenseurs, se tenait sur la brèche et ne voulait pas la quitter. Entouré des débris de sa brave légion décimée par la mitraille, il fut pris les armes à la main. Ni la justice de la cause pour laquelle Robert Blum combattait, ni l'inviolabilité dont était couvert un membre de l'Assemblée nationale de l'Allemagne, ne devaient trouver grâce devant l'impitoyable exécuteur. Au mépris de toutes les lois divines et humaines qui prescrivent de ne condamner tout homme que par un jugement régulier, Windischgraetz prit la responsabilité d'ordonner de fusiller Robert Blum, — responsabilité dont il aura à rendre compte au tribunal de la postérité !

Le 8 novembre 1848, Robert Blum marcha au supplice avec intrépidité ; son courage ne se démentit pas un seul instant. Il devait être suivi en quelques jours par Messenhauser, chef de la garde nationale viennoise, et par quelques centaines d'autres braves qui tous moururent comme ils avaient vécu.

Les dernières pensées de Robert Blum furent pour la Démocratie. Quelques minutes avant sa fin, il écrivit à sa femme une lettre touchante, admirable de sentiment et d'abnégation. Heureux de mourir pour la cause des Peuples, il lui recommandait d'élever ses trois enfants en vrais démocrates. « Vivent tous les Peuples aspirant à la liberté ! » telles furent ses dernières paroles. Elles résument et personnifient l'existence de Robert Blum. Ce cri d'espérance sera entendu et se réalisera, car il est sanctifié par le sang d'un martyr !

La mort de Robert Blum fut un puissant stimulant pour la propagande démocratique. Jamais événement semblable ne fit une telle impression sur le Peuple. Il n'y eut pas une ville, un village de l'Allemagne qui ne fit une cérémonie en l'honneur du martyr. Des villes importantes comme Leipzig, Mannheim, Cologne, virent leurs magistrats prendre l'initiative du mouvement. Partout on rencontrait des processions funèbres en l'honneur de Robert

Blum où la bannière tricolore de l'Allemagne et le drapeau de la démocratie flottaient ensemble (1).

A. GOEGG.

ADOLPHE DE TRUETZSCHLER.

Martyr allemand,

Mis à mort à Mannheim, le 13 août 1849.

Né à Gotha, d'une famille noble, l'une des plus riches de la Saxe, ADOLPHE DE TRUETZSCHLER reçut une éducation toute aristocratique. Ayant ses entrées à la cour de Dresde, il fut pendant quelques années un des assidus des cercles royaux. Cependant, le jeune Truetzschler, démocrate par le cœur, conserva toujours son esprit indépendant, et loin de le lui faire perdre, son séjour à la cour servit à l'affermir davantage dans ses principes. Doué d'une pénétration profonde, jointe à une grande sensibilité, la corruption des hautes classes qu'il fréquentait, leur opulence scandaleuse, leurs dissipations frivoles et souvent criminelles, faisaient ressortir à ses yeux la misère du Peuple, ses privations de chaque jour, son travail pénible qui sans relâche demande à son corps le peu de forces qui lui restent. Le Peuple produit *tout* et il *n'a rien*. Le travail est la source de toutes les richesses, et l'on réclame de lui sans cesse du travail, c'est-à-dire des richesses, sans qu'il lui soit permis d'étancher sa

(1) La mort de Robert Blum fournit la preuve éclatante que les Peuples n'oublient pas leurs sincères et désintéressés défenseurs. Le martyr laissait sa femme et ses enfants sans fortune ; en quelques jours une souscription ouverte spontanément sur tous les points de l'Allemagne produisit à la famille de Robert Blum plus de cent mille francs.

soif et d'apaiser sa faim! Automate vivant, le Prolétaire est une machine à production sevrée de toutes les jouissances physiques et morales de la créature : car la moindre distraction l'empêcherait de produire! Il est ainsi sur la terre où on lui a interdit le droit de cité!......

La famille de Truetzschler voyait avec peine ses tendances démocratiques. Il eut à subir ses reproches, ainsi que les persécutions de la cour. Néanmoins, rien ne l'arrêta dans la voie qu'il s'était tracée. Républicain sincère, il ne se laissa influencer ni par les supplications de sa famille noble, ni par les malédictions de la société qui le recevait. Il rompit résolument avec un passé qu'il avait subi, et prit rang dans le parti le plus avancé de la Saxe. Ami intime de Robert Blum, ses opinions étaient plus radicales que celles de ce dernier, quant aux réformes sociales qui pouvaient convenir à notre époque.

Membre de la Chambre des députés de la Saxe et de l'Assemblée nationale de Francfort, Truetzschler était de ce petit nombre d'hommes éclairés qui faisaient une guerre acharnée aux libéraux constitutionnels. Pressentant que ces apôtres de la légalité n'avaient d'autre but que d'étouffer la Révolution à son berceau, il s'éleva avec force contre leurs mesures timides qui ressemblaient bien plus à des trahisons qu'à des décisions prises pour le salut de la patrie.

Il demanda la dissolution de ce parlement corrupteur et corrompu, ainsi que la formation d'une Convention armée d'un pouvoir dictatorial, afin de diriger la Révolution d'une main ferme. Les situations exceptionnelles demandent des pouvoirs exceptionnels ; c'est à ce prix que les Peuples traversent les crises de leur régénération. L'événement ne justifia que trop les prévisions de Truetzschler. Les rhéteurs ont perdu l'Allemagne. Il fallait agir et l'on discuta, il fallait vivre et l'on s'endormit dans le sommeil de l'égoïsme, de la mort!

Quand la révolution badoise eut lieu, Truetzschler espéra que le mouvement, un moment arrêté, allait reprendre son essor; il vint donc se mettre à la disposition du gouvernement provisoire avec quelques-uns de ses collègues, qui, comme lui, voulurent tenter un dernier et suprême effort pour sauver la Liberté. Truetzschler fut aussitôt nommé commissaire civil dans la ville importante de Mannheim, capitale du cercle de Palatinat-Badois et d'Odenwald. Il rendit dans ces fonctions des services éminents, non seulement comme homme d'action déterminé, comme révolutionnaire, mais ce qui est plus rare et cependant si nécessaire, comme organisateur. Un nouvel ordre de choses n'est durable qu'à la condition de rencontrer des administrateurs intelligents, qui sachent concilier et réunir les éléments les plus divers. Un peuple fait une révolution, il chasse ses oppresseurs, il règne. Comment usera-t-il de sa victoire? Quels moyens emploiera-t-il pour conserver la position acquise sans nuire aux principes au nom desquels il s'est soulevé; en un mot, comment se montrera-t-il sévère, sans cesser d'être juste? Question grave, peu étudiée jusqu'ici, question d'*administration*, d'où dépend le succès, l'avenir d'une cause.

Après la perte de la bataille de Waghaeusel, l'armée révolutionnaire badoise fut forcée d'abandonner la ville de Mannheim, située à la frontière. Truetzschler ne voulut quitter la ville que l'un des derniers. Fatale résolution, elle devait lui coûter la vie! Les bourgeois réactionnaires de Mannheim, voyant tout le parti qu'ils pouvaient tirer auprès des Prussiens de la capture de l'un des chefs du mouvement, complotèrent de s'emparer de lui et de le livrer aux ennemis de la patrie. Par ce moyen, ils pensaient trouver grâce auprès d'eux. Ces lâches, soutenus par quelques déserteurs de l'armée badoise, entourèrent Truetszchler, ainsi que quelques-uns de leurs propres concitoyens, qui avaient vaillamment défendu le dernier rempart de l'indépendance, et se hâtèrent de les livrer aux Prussiens, avant même que ces derniers fussent entrés dans la ville. Un cri d'indignation s'éleva dans toute l'Allemagne à la nouvelle de cette action honteuse et infamante. Quelle proie inattendue pour le prince de Prusse!

Les Prussiens entrèrent à Mannheim avec leur prisonnier. Le futur bourreau couronné convoqua sur-le-champ un conseil de guerre afin qu'il y eût un simulacre de jugement. Truetzschler parut devant ses exécuteurs; il ne se défendit pas, il accusa. A toutes les demandes qu'on lui adressait, il répondait avec orgueil qu'il était républicain, et qu'il mourrait comme il avait vécu, en républicain : il fut condamné à mort.

L'héroïque compagne de Truetzschler, sacrifiant l'avenir de ses trois enfants et allant au devant des griefs qu'on reprochait aux révolutionnaires (celui d'avoir fait éprouver des pertes considérables aux amis de l'ordre), se dépouilla entièrement de ses richesses, et offrit toute sa fortune, qui était considérable, dans l'espérance que ce sacrifice lui conserverait les jours de son mari. Les Prussiens acceptèrent l'offre; mais, ô indignité! après avoir reçu les biens de la femme de Truetzschler et ceux des autres condamnés; engagés moralement par cette acceptation, à leur laisser la vie, leur réponse fut l'envoi à chacun d'eux de leur arrêt de mort! La parole est impuissante pour stigmatiser de pareils actes! La conscience de l'Humanité jugera et enregistrera cette conduite du prince de Prusse. Truetzschler marcha à la mort avec courage. On voulut lui mettre un bandeau sur les yeux ; mais il le repoussa. Lorsque cette noble victime tomba, le 13 août 1849, elle n'avait que trente-et-un ans. Les compagnons de Truetzschler, au nombre de vingt-six, furent successivement fusillés à Fribourg, à Rastadt et à Mannheim. Ils ont partagé ses souffrances, ils partageront sa gloire dans la postérité !

A. GOEGG.

ROBERT EMMET

Martyr irlandais

Mis à mort à Dublin, le 25 septembre 1803.

Après le mauvais succès de deux expéditions navales que la république française avait dirigées sur les côtes d'Irlande et qui furent anéanties par les éléments bien plus que par la marine anglaise ; lorsqu'à force de tyrannie, de cruautés, de corruption, le gouvernement d'Angleterre fut parvenu à réprimer l'insurrection irlandaise que sa politique avait fait naître pour avoir un prétexte d'enlever aux irlandais leur parlement national ; alors que les chefs irlandais, qui n'avaient pas été brûlés ou roués vifs, étaient en fuite, le Peuple d'Irlande, préférant la mort à la froide barbarie de la soldatesque anglaise, organisa, en 1803, une attaque générale contre la ville de Dublin.

L'exécution de cette entreprise fut confiée à ROBERT EMMET, jeune avocat de vingt-deux ans, doué de talents précoces et d'une énergique activité. Toutes les dispositions stratégiques furent promptement prises par Emmet; le succès paraissait assuré, lorsque la conjuration fut dénoncée au vice-roi d'Irlande. Les chefs de l'entreprise furent obligés de prendre la fuite; les uns parvinrent à gagner les côtes de France ou d'Amérique; d'autres, parmi lesquels était Robert Emmet, se réfugièrent dans les montagnes de l'Irlande, où ils furent protégés par les paysans. L'arrestation des fugitifs ne pouvait être empêchée longtemps encore; pour prévenir cette catastrophe, quelques amis des proscrits, moins surveillés, se procurèrent un vaisseau pour les transporter tous hors du danger. Robert Emmet ne voulut pas profiter de cette voie de salut avant de dire adieu à la femme qu'il aimait. Malgré de sages conseils, il se rendit à Dublin, où il ne tarda pas à être arrêté comme étant accusé de haute trahison.

Son procès fut bientôt instruit; condamné d'avance à être pendu, il fut exécuté quelques minutes après un semblant de jugement.

Nous ne pouvons mieux faire connaître la cause que défendaient Robert Emmet et ses amis, nous ne pouvons mieux inspirer l'admiration pour ce jeune martyr, qu'en donnant ici le discours qu'il prononça peu d'instants avant sa mort.

Le président de la cour de justice, selon la coutume pharisienne des tribunaux officiels du Despotisme, ayant demandé à Emmet, avant de prononcer la sentence, s'il n'avait rien à dire pour éviter la peine de mort, le martyr parla ainsi :

« *Milords* (1), que pourrais-je dire pour que la

(1) Pour donner une idée du *formalisme* des tribunaux anglais, nous devons faire remarquer ici que Robert Emmet ne put parler qu'en se servant de ces expressions : *Milords, Messeigneurs,* etc. L'énergie de son discours fit interrompre plusieurs fois Emmet par le président; cependant on lui permit de continuer, nonobstant les dures vérités qu'il fit entendre.

sentence de mort ne soit pas prononcée contre moi,
selon la loi? Je ne saurais rien alléguer qui pût
changer votre prédétermination; et il ne me sied pas
de rien dire dans le but de mitiger cette sentence
que vous êtes venus ici prononcer et à laquelle je
dois me soumettre. Mais j'ai à dire quelque chose
qui m'intéresse plus que la vie, et que vous vous
êtes efforcés de détruire, comme c'était votre
devoir impérieux de le faire, en présence de l'état
abject qui pèse sur vous comme sur ce pays.... J'ai
beaucoup à dire pour que ma réputation soit dé-
chargée du poids des accusations fausses et des calomnies dont on l'a chargée. Je considère la place
que vous occupez, et je ne pense pas que votre esprit puisse être assez dépourvu d'impureté pour recevoir la moindre impression des paroles que je vais
prononcer. Je n'espère pas que ma conscience, mise
à nue, puisse agir sur le cœur d'une cour constituée
comme celle-ci l'est.

« Si je devais seulement souffrir la peine de mort
après que votre tribunal m'aura condamné, je
m'inclinerais en silence et j'irais sans murmurer au
devant du sort qui m'attend; mais la sentence, qui
va livrer mon corps à l'exécuteur, s'efforcera, au
nom de la loi et pour sa propre justification, de livrer
ma réputation à l'infamie, car il faut qu'il y ait crime
d'un côté ou de l'autre. Ce crime, l'avenir décidera
s'il est dans votre sentence ou dans la catastrophe
qui me met à votre discrétion. Un homme, placé tel
que je le suis, doit, non seulement affronter les difficultés de la fortune et la force du pouvoir sur des

---

Eh bien! s'il eût négligé de traiter ses juges de *Milords*, de
Messeigneurs, de *Seigneuries*, aucune considération n'aurait
pu décider la Cour à lui conserver la parole, quand bien même
cette parole eût été humble et rampante!

esprits qu'il a corrompus et subjugués, mais aussi les
difficultés inhérentes aux préjugés établis ; l'homme
meurt, mais sa mémoire vit, et pour que la mienne
ne périsse pas, pour qu'elle puisse vivre entourée du
respect de mes compatriotes, je saisis cette occasion
pour repousser quelques-unes des accusations qu'on
allègue contre moi. Lorsqué mon esprit se sera en-
volé vers quelque rive plus amie, lorsque mon ombre
se sera jointe aux légions de ces héroïques martyrs
qui ont versé leur sang sur l'échafaud et sur les
champs de bataille pour défendre leur patrie et la
justice, voici mon espoir : Je veux que ma mémoire
et mon nom puissent animer ceux qui me survi-
vront, tandis que moi je regarderai, avec satisfaction et plaisir, du haut du ciel, la destruction de ce
gouvernement perfide qui soutient sa domination
en blasphémant le Tout-Puissant ; de ce gouvernement qui traite l'homme comme les bêtes des forêts,
qui l'excite contre son frère et arme sa main, au
nom de Dieu, contre la gorge de son semblable,
parce qu'il croit ou doute un peu plus que lui !...
de ce gouvernement endurci jusqu'à la barbarie
contre les cris des orphelins et les larmes des veuves
qu'il a faits. »

LORD NORBURY, président de la Cour, interrompt
Robert Emmet en s'écriant que « — les enthousiastes
vils et méchants qui partageaient ces opinions étaient
peu propres à accomplir leurs desseins insensés. »

ROBERT EMMET : «—J'en appelle au Dieu immaculé.
Je jure par le trône du ciel, devant lequel je dois
bientôt paraître, par le sang des patriotes assassinés
qui m'ont précédé, que ma conduite a été, au milieu de tout ce péril et dans tous mes desseins, guidée
seulement par les convictions que je viens d'émettre,
et dans nul autre but que celui d'y porter remède et
d'émanciper ma patrie de l'oppression surhumaine

sous laquelle elle s'est longtemps courbée avec trop de patience ; et j'espère, en toute confiance et en toute assurance, qu'il existe encore assez d'union et assez de forces en Irlande pour accomplir cette noble entreprise, quelque insensée et chimérique qu'elle puisse paraître.

« J'en parle avec la conviction d'un homme qui possède des données certaines sur ce sujet et avec la consolation qui appartient à cette conviction. Ne croyez pas, *messeigneurs*, que je dise cela pour la légère satisfaction de vous causer une inquiétude passagère ; non, un homme qui n'a jamais élevé sa voix pour affirmer un mensonge, ne risquera pas sa réputation auprès de la postérité en soutenant une fausseté sur un sujet si important pour son pays, et dans une occasion comme celle ci. Oui, *messeigneurs*, un homme qui ne veut pas qu'on écrive son épitaphe jusqu'à ce que son pays soit libre, ne veut pas laisser une arme au pouvoir de l'envie, ni un prétexte pour attaquer la probité, qu'il désire conserver même dans la fosse à laquelle la tyrannie le condamne. »

Ici le Martyr est interrompu par la Cour ; il continue en ces termes :

« Je repète que dans ce que je viens de dire, je ne voulais pas parler de vos *seigneuries*, dont je plains plus que je n'envie la position ; mes expressions s'adressaient à mes compatriotes, et s'il y a un Irlandais ici présent, que mes dernières observations le consolent dans l'heure de l'affliction. »

Lord Norbury, interrompant : « — Je ne suis pas ici pour présider à l'apologie de la haute trahison. »

Robert Emmet continuant : « — J'ai toujours compris que c'était le devoir d'un juge d'appliquer la loi contre un homme atteint et convaincu d'un crime ;

mais j'ai compris aussi que les juges croient quelquefois de leur devoir d'écouter la victime des lois, de lui parler avec humanité, et même de l'exhorter avec bienveillance à exposer les motifs qui l'ont conduit à commettre le crime dont elle a été jugée coupable : je n'ai nul doute qu'un juge ait quelquefois cru de son devoir d'agir de la sorte. Mais où en est la liberté tant vantée de vos institutions! Que deviennent l'impartialité, la clémence et la douceur tant exaltées de vos cours de justice, s'il n'est pas permis à un malheureux prisonnier, que votre politique et non votre justice va livrer aux mains de l'exécuteur, d'expliquer franchement et sans détour les motifs par lesquels il a été mû et de justifier les principes qui l'ont fait agir!

« *Messeigneurs*, ce peut être une partie du système d'une justice colère, d'abaisser l'esprit par l'idée ignominieuse de l'échafaud; mais la honte qu'on me destine et les terreurs du supplice seraient bien peu de chose auprès de la honte des imputations fausses et infâmes que cette Cour m'a attribuées.

« Vous êtes juges, et moi je suis le coupable présumé : je suis homme, et vous l'êtes aussi; nous pourrions, par une révolution, changer de places, quoique jamais de caractères. Si je suis à la barre de cette Cour et que je n'ose pas défendre ma réputation, quelle comédie que votre justice! Si je suis à la barre de cette Cour et que je n'ose défendre ma réputation, comment osez-vous la calomnier? La sentence de mort, que votre politique impie inflige à mon corps, condamne-t-elle aussi ma langue au silence et ma réputation au reproche? Votre exécuteur peut abréger la période de mon existence, mais tant que je vivrai, je ne cesserai de défendre ma réputation et ma conduite contre vos calomnies; et en homme auquel la renommmée est plus chère que la vie, le dernier usage que je ferai de cette vie, c'est de justifier cette réputation, qui doit me survivre, le seul legs que je puisse laisser à ceux que j'honore et que j'aime, et pour lesquels je suis fier de mourir.

« Comme hommes, *messeigneurs*, nous devons comparaître, au Grand-Jour, devant le même tribunal ; et il restera alors au scrutateur de tous les cœurs de montrer à l'univers collectif qui est-ce qui s'est engagé dans les actions les plus vertueuses ; qui est-ce qui s'est laissé mouvoir par les motifs les plus purs, les oppresseurs de la patrie, ou.... (Le martyr est encore interrompu, et on lui dit d'écouter la sentence de la Cour ; mais il continue ainsi, sans faire attention à l'interruption :)

« *Messeigneurs*, refusera-t-on à un homme mourant le privilége légal de se défendre, aux yeux du monde, d'un reproche immérité qu'on lui a fait pendant son procès, en le taxant d'ambition et du crime de vouloir détruire pour une misérable considération les libertés de son pays ? Pourquoi m'avez-vous insulté, *messeigneurs*? ou plutôt, pourquoi insulter à la justice, en me demandant la raison pour laquelle la sentence de mort ne devrait pas être prononcée contre moi ? Je sais que la forme prescrit que vous fassiez cette question ; la forme prescrit aussi le droit de répondre. On pourrait, sans doute, s'en dispenser, ainsi que de toute la cérémonie du procès, attendu que la sentence a déjà été prononcée au château, avant même que le jury ait été formé. Vous n'êtes, *messeigneurs*, que les prêtres de l'oracle ; mais j'insiste pour que toutes les formes soient observées. (La Cour lui dit de continuer.)

« On m'accuse d'être un émissaire de la France. Un émissaire de la France ! Et dans quel but ? On allègue que je veux vendre l'indépendance de mon

pays! Et dans quel but? Etait-ce là l'objet de mon
ambition? et, est-ce là la manière qu'un tribunal de
justice concilie les contradictions? Non, je ne suis
pas émissaire, et mon ambition consistait à vouloir
occuper une place parmi les libérateurs de ma patrie; non pas en pouvoir ni en profit, mais dans la
gloire de cette œuvre. Vendre l'indépendance de ma
patrie à la France! Et pourquoi? Etait-ce pour
changer de maîtres? Non! mais pour de l'ambition!
O mon pays! était-ce de l'ambition personnelle qui
a pu m'influencer? Si cela avait été l'âme de mes
actions, n'aurai-je pu, par mon éducation et ma fortune, par le rang et la considération de ma famille,
me placer parmi les plus fiers de mes oppresseurs?
Ma patrie était mon idole; je lui ai sacrifié tout sentiment égoïste, mes plus chères affections, et maintenant je lui offre ma vie, ô Dieu!.... Non, *messeigneurs*, j'ai agi en Irlandais, décidé à délivrer
son pays d'un joug honteux et cruel. Oui, c'était le
désir le plus cher à mon cœur de retirer mon pays
de ce despotisme doublement rivé. Je voulais placer
son indépendance au-delà de l'atteinte de tout pouvoir sur la terre; je voulais l'élever à cette noble
position dans le monde.

« On a, à la vérité, parlé de s'allier à la France,
mais seulement autant que des intérêts mutuels le
sanctionneraient ou l'exigeraient. Si les Français
avaient pris quelque autorité incompatible avec la
plus pure indépendance, cela aurait été le signal de
la destruction de nos rapports. Nous avons demandé
secours, et nous avions la certitude de l'obtenir,
comme auxiliaires dans la guerre et alliés après la
paix.

« Si les Français étaient venus comme envahisseurs ou ennemis, sans être invités par les vœux du
peuple, je m'y serais opposé de toutes mes forces. Oui,

mes compatriotes, je vous aurais conseillé de vous
y opposer sur le rivage, tenant l'épée d'une main et
la torche de l'autre; je m'y serais opposé avec toute
la fureur destructive de la guerre, et j'aurais encouragé mes compatriotes à les immoler dans leurs
vaisseaux, avant qu'ils aient souillé le sol de ma
patrie. S'ils étaient parvenus à débarquer, et que
nous fussions forcés de nous retirer devant une discipline supérieure, j'aurais disputé chaque pouce de
terrain, j'aurais brûlé chaque brin d'herbe, et le
dernier retranchement de la Liberté eût été ma
fosse; et ce que je n'aurais pu faire moi-même,
je l'eusse laissé comme dernière injonction a
mes compatriotes pour l'accomplir, sachant que
la vie est aussi inutile que la mort lorsqu'une nation étrangère tient un pays dans l'esclavage.

« Mais ce n'était pas en ennemis que les secours
venant de la France devaient débarquer sur nos
plages. Oui, vraiment, j'ai sollicité l'aide de la
France; mais je voulais prouver à la France et au
monde entier que les Irlandais méritaient d'être secourus; qu'ils s'indignaient de l'esclavage et qu'ils
étaient prêts à revendiquer l'indépendance et la
liberté de leur pays. Je voulais procurer à ma patrie
la garantie que Washington procura à l'Amérique;
je voulais lui procurer une aide, qui lui aurait rendu
un service aussi important par son exemple que par
sa valeur; une aide disciplinée, brave, féconde en
science et en expérience; qui aurait saisi, d'un
coup d'œil, le bon côté de notre caractère et en aurait adouci les aspérités; qui serait venue chez nous
en étrangère et nous aurait laissés en amis, après
avoir partagé notre péril et ennobli notre destinée.
Voilà ce que je voulais: non pas recevoir de nouveaux maîtres, mais chasser d'anciens tyrans. Voilà
mes intentions, les seules qui conviennent à des

Irlandais. Ce fut dans ces buts que je cherchais à
avoir du secours de la France, parce que la France,
même comme ennemie, n'aurait pu être plus implacable que l'ennemi qui se trouvait déjà au cœur de
ma patrie. (Il est interrompu par la Cour.)

« On m'a attribué assez d'importance dans les
efforts qu'on tente pour émanciper mon pays, pour
me regarder comme la clé de voûte de la
ligue de tous les Irlandais, ou, comme votre *seigneurie* (Il s'adresse à l'accusateur public.) l'a
dit : « La vie et le sang de la conspiration. » Vous
me faites trop d'honneur ; vous avez donné au su-
balterne toute l'importance d'un supérieur. Il y a
des hommes engagés dans cette conspiration qui
sont, non seulement supérieurs à moi, mais encore
à vous-mêmes, à tous vos efforts réunis ; des
hommes, devant la splendeur du génie et des vertus
desquels je m'incline avec une déférence respec-
tueuse, et qui se croiraient déshonorés d'être appelés
vos amis, qui ne voudraient pas se souiller en tou-
chant votre main teinte de sang. (On l'interrompt.)

« Quoi, *messeigneurs !* vous sera-t-il permis de
me dire sur le chemin de votre justice à l'échafaud
dressé par la tyrannie dont vous êtes les exécuteurs
intermédiaires, que je suis responsable de tout le
sang qui a déjà été et qui sera encore versé dans
cette lutte des opprimés contre l'oppresseur ! Vous
me diriez cela, et je serais assez esclave pour ne pas
repousser une pareille accusation !...

« Je ne crains pas d'approcher du juge tout-puissant pour répondre de la conduite de toute ma vie ;
et, faudrait-il que je sois ici effrayé des calomnies d'un
petit nombre d'hommes ! et par les vôtres !.... vous,
dont, s'il était possible de réunir en un grand réservoir
tout le sang innocent que vous avez versé pendant votre
ministère impie, votre *seigneurie* pourrait y nager !

(Le jugé-accusateur auquel cette apostrophe s'a-
dresse interrompt vivement le martyr.)

« Que personne n'ose, quand je serai mort, me
taxer de déshonneur ; que personne ne flétrisse ma
mémoire en pensant que j'ai pu m'engager dans
aucune autre cause que celle de la liberté et de l'indépendance de ma patrie, ou que je sois devenu la
créature du pouvoir au milieu de l'oppression et des
misères de mes compatriotes. La proclamation du
gouvernement provisoire parle en notre faveur ; on
ne saurait en tirer l'induction qu'elle encourage la
barbarie ou l'abaissement dans mon pays, ou l'assu-
jettissement, l'humiliation ou la trahison au dehors.
Je ne me serais pas soumis à un oppresseur étranger,
par la même raison que je voudrais résister à l'oppresseur domestique actuel. Je me serais battu, dans
la dignité de la Liberté, sur le seuil de ma patrie, et
l'ennemi ne serait entré qu'en passant sur mon
cadavre. Et moi qui n'ai vécu que pour mon pays et
qui ne me suis soumis aux dangers de l'oppresseur
jaloux et vigilant et à l'esclavage du tombeau, que
pour rendre leurs droits à mes compatriotes et son
indépendance à ma patrie, faut-il que je sois accablé
par la calomnie, sans qu'il me soit permis de la repousser ? Non, à Dieu ne plaise !

« Si les esprits des morts illustres prennent part
aux intérêts et aux inquiétudes de ceux qui leur sont
chers dans ce monde passager, ô ombre très chère et
toujours vénérable de mon père ! jette un regard
scrutateur sur la conduite de ton malheureux fils, et
vois si j'ai dévié un instant des principes de morale
et de patriotisme que tu avais pris soin de m'inspirer
pendant mon enfance et pour lesquels je dois maintenant donner ma vie !...

« *Messeigneurs*, il vous tarde d'accomplir le sacrifice ; le sang que vous demandez n'est pas glacé par

les terreurs artificielles qui environnent votre victime; il circule chaud et libre dans les canaux que Dieu a créés dans un but plus noble, mais que vous êtes disposés à détruire, pour des motifs si atroces qu'ils demandent vengeance au ciel.... Je demande un peu de patience; je n'ai plus que peu de mots à prononcer. Je m'approche de ma tombe froide et silencieuse; le flambeau de ma vie est presque éteint; ma course est finie; la fosse est ouverte pour me recevoir et je descends dans son sein. Je n'ai qu'une prière à faire en quittant ce monde : c'est la charité de son silence. Que personne n'écrive mon épitaphe, car comme personne de ceux qui connaissent mes motifs n'oseraient maintenant les justifier, que ni le préjugé, ni l'ignorance ne les diffament. Qu'on me laisse reposer dans l'obscurité et la paix ainsi que mes desseins, et que ma tombe reste sans inscription jusqu'à ce qu'une autre époque et d'autres hommes puissent rendre justice à ma réputation. Quand ma patrie prendra sa place parmi les nations de la terre, alors, et seulement alors, qu'on écrive mon épitaphe. J'ai fini. »

A peine Robert Emmet eut-il prononcé cette dernière parole, que la sentence de mort fut rendue contre lui et qu'on le livra au bourreau.

Thomas Moore peint ainsi le talent et les vertus de ce martyr : — « Si je devais citer celui, parmi tous les hommes que j'ai connus, qui me paraît réunir au plus haut degré le mérite purement moral à la force de l'intelligence, je placerais au premier rang Robert Emmet. Entièrement exempt des folies et des faiblesses de la jeunesse, quoique des événements aient prouvé plus tard combien il était capable de la plus ardente passion, l'étude des mathématiques, dans laquelle il s'était éminemment distingué, semblait le seul objet qui partageât ses pensées, avec cet enthousiasme pour la liberté irlandaise qui était chez lui un sentiment héréditaire aussi bien que national, car il fut le second martyr que son père donna à la cause de sa patrie.

« Simple dans toutes ses habitudes et possédant une tranquillité de regard et de manières qui indiquait fort peu le mouvement de son âme, ce n'était que lorsqu'on touchait au ressort qui faisait agir ses sentiments et partant ses facultés, qu'il s'élevait au-dessus du niveau des hommes ordinaires. Jamais on ne vit deux individus différant autant entre eux que ce jeune homme avant d'être à la tribune, et pendant qu'il l'occupait. Son front qui avait paru inanimé et presque languissant jusque-là, se s'illuminait tout à coup par la conscience de sa propre force, et toute sa figure et sa personne éprouvaient un changement comme si l'orateur venait d'être subitement inspiré.

« Je ne puis parler de son éloquence que d'après les impressions de mon jeune âge ; mais je n'ai rien entendu depuis cette époque qui m'ait paru d'un genre plus pur ou plus élevé ; elle attira bientôt l'attention des premiers maîtres de l'art.

« Tel était de cœur et d'âme un de ces jeunes gens dévoués, qui, doués de talents qui auraient été l'ornement et les soutien d'une nation heureuse, furent cependant forcés de vivre de la vie des conjurés et de mourir de la mort des traîtres, grâce à l'esprit d'un gouvernement qu'il serait difficile de supporter avec patience, si nous n'avions pas l'espoir, en présence des événements contemporains, qu'un tel système de bigoterie et de tyrannie ne saurait durer longtemps. »

Les compatriotes de Robert Emmet ont obéi en partie à ses dernières volontés : aucune inscription, aucun nom n'est tracé sur la pierre qui recouvre les restes de ce martyr. Mais sa mémoire n'a pas été oubliée! elle vit dans le cœur de tout bon Irlandais : le souvenir, le nom de Robert Emmet sont de puissants défenseurs qu'a l'Irlande : quoique mort depuis longtemps, le martyr sert encore sa patrie!

John Cashin.

COSTABILE CARDUCCI.

Martyr italien,

Assassiné à Sapri, en juin 1848.

Le général Colletta écrivait en 1825, dans son *Histoire de Naples :* « Durant l'espace de six lustres, cent mille Napolitains ont péri de morts différentes, tous pour la cause des libertés publiques et pour l'amour de l'Italie. » Or, combien ce nombre ne s'est-il pas accru sous le règne de François Ier, qui fut le Claude, et sous le règne de Ferdinand II, qui est le Caligula de l'Italie moderne! Que de victimes ont succombé sous la hache, le fusil, la mitraille et les bombes! Combien se sont consumés dans les horreurs des souterrains, dans les souffrances de la torture, dans l'affreux silence des îles désertes, d'Ustica, de Pantelleria, de Lampedusa, de Ponza, de Favignana, et dans les misères de l'exil!

Dans ce sanctuaire de la mort, chaque poignée de poussière mériterait un monument; dans ce martyrologe de la Liberté, chaque nom de victime mériterait une page.

Entre tous ceux que nous pourrions nommer, nous citerons d'abord Costabile Carducci, parce que son martyre est le plus récent, parce que son sang généreux fume encore, parce que l'assassin qui le frappa et le tyran qui ordonna sa mort doivent encore avoir sous les yeux le cadavre mutilé de leur victime.

Costabile Carducci, dans le royaume de Naples, tint la promesse donnée aux hommes qui préparaient une révolution en Sicile : jeune homme de grand cœur, sinon de haute intelligence, il n'eut pas plutôt entendu l'écho du cri qui résonnait à Palerme, le 12 janvier 1848, que, sur les montagnes du Cilento, il arbora la bannière tricolore à la tête d'une faible troupe de quinze hommes sans souliers et désarmés. A son appel accoururent en foule les fiers et intrépides montagnards de cette province qu'il commença à parcourir en libérateur. Partout il était accueilli avec des applaudissements et des bénédictions ; on fêtait son arrivée dans les campagnes ; le clergé s'avançait en procession au devant de lui avec la croix sainte et les étendards en chantant le *Te Deum*. Le Peuple rompait les chaînes de l'esclavage ; il accourait autour de lui et écoutait ardemment toutes ses paroles.

Cependant Carducci créait des gardes nationales, désarmait les satellites de la tyrannie bourbonienne, armait les jeunes gens les plus braves et les plus ardents pour la Liberté, et marchait toujours en avant : personne ne lui opposait d'obstacle, tous l'applaudissaient.

Le gouvernement napolitain, effrayé, envoyait contre lui de l'infanterie, de la cavalerie et de l'artillerie ; ces dernières armes ne pouvaient être d'aucune utilité dans les montagnes ; l'infanterie seule osa affronter les démocrates et fut battue. C'était le moment de l'insurrection générale : la Sicile soulevée et victorieuse, le Cilento en armes, la Calabre agitée, Naples menaçante, le trône des Bourbons allait crouler sous le poids de ses crimes et de la haine populaire ! Malheureusement les libéraux napolitains, sous l'inspiration de Bozzelli et de quelques autres traîtres, acceptèrent les conditions que la peur et l'imposture arrachaient à Ferdinand II, et d'un bout à l'autre du royaume de Naples ils firent entendre le cri sacrilége de : « Vive Ferdinand II, le roi constitutionnel! »

Ils oubliaient ainsi les atrocités passées, ils amnistiaient un demi-siècle d'atroce tyrannie, ils rendaient leur confiance à une famille vingt fois parjure. Du Garigliano jusqu'au détroit de Reggio, on fêta le nouvel ordre de choses; la Révolution de Sicile parut une coupable obstination, et la persistance de Carducci une sottise. Carducci, laissé seul sur le continent, partagea alors l'erreur commise par la majorité; il déposa les armes et parut à Naples comme représentant du Peuple dans la chambre des députés.

On vit alors les hommes qui jugeaient la Révolution terminée, parce que le pouvoir était tombé dans leurs mains, entourer Carducci, louer et exalter sa bravoure, restée sans imitateurs; le roi Ferdinand lui-même, passé maître dans l'art de dissimuler, accueillit avec joie et avec mille signes d'affection, celui que peu de jours auparavant, il aurait fait aller à la mort, s'il était tombé entre ses mains.

L'âme généreuse de Carducci fut émue : il crut à la bonne foi du roi, à celle de ses ministres; et dès lors on ne vit plus sur ses lèvres que paroles de douceur, d'oubli du passé, de confiance dans le souverain, qui, s'il avait fait le mal, manifestait au moins du repentir.

Mais le 15 mai arriva, et déchira le bandeau qui couvrait ses yeux; à la vue de l'horrible carnage, il put se convaincre de la perfidie du prince et redevint l'homme du Cilento. Ayant échappé au massacre, il se réfugia en Sicile; là, il se réunit à une troupe de six cents volontaires siciliens qui, pour secourir leurs frères du continent, passèrent en Calabre, où la protestation des députés du royaume chassés à coups de baïonnettes avait fait relever de nouveau la bannière de la Révolution.

L'insurrection calabraise ayant été vaincue, Costabile Carducci tenta de se jeter dans la province de Salerne. Monté sur une petite barque, il côtoya quelque temps le littoral napolitain de l'Adriatique et débarqua enfin à Sapri. Mais là il fut rencontré et reconnu par un prêtre royaliste, nommé Peluso. Celui-ci, par un infâme guet-apens, l'attira dans une grotte, où il ne tarda pas à être assailli par des sicaires qui y avaient été apostés ; martyrisé de mille manières, il fut soumis à des tortures obscènes, qui font frémir, et fut enfin assassiné. L'inique prêtre voulut de ses propres mains lui couper la tête, et alla ensuite à Naples en réclamer le prix. Ce Peluso fut vu dans la capitale, festoyé et récompensé par la cour. Il étreignit avec la confiance d'un assassin et la servilité d'un esclave la main de Ferdinand II, lequel, peu de temps auparavant, avait serré la main si loyale et si pure de Carducci.

On avait réouvert un simulacre de parlement. Le Peuple avait réélu presque tous les députés du 15 mai, et les représentants du Peuple se réunissaient entourés de baïonnettes menaçantes et sous le couteau d'assassins soudoyés par le gouvernement.

Pourtant une voix généreuse s'éleva parmi eux pour demander compte au ministère du meurtre d'un député, meurtre qui avait été récompensé au lieu d'être sévèrement puni. La chambre toute entière s'associa à ces généreuses paroles ; mais le ministère refusa impudemment toute explication, et Peluso continua à parcourir les rues de Naples, accompagné de sbires et d'assassins, fier de son triomphe, de l'assassinat qu'il avait commis, et du prix qu'il en avait tiré.

Peu de jours après, les nouvelles chambres étaient dissoutes par la force brutale, et les représentants du Peuple, dispersés, emprisonnés, chassés en exil, condamnés !....

Carducci attend encore sa vengeance ; il l'aura !....

L. F.

MARTYROLOGE DU PEUPLE ROUMAIN

EN 1848 ET 1849.

Les Peuples qui prirent part à la Révolution de 1848–1849, ont eu tous, sans exception, leurs martyrs. Ceux qui luttèrent contre les abus et le plomb meurtrier du Despotisme, furent victimes du sabre et du plomb. Les Roumains ne se soulevèrent qu'au nom de Dieu, au nom de la Justice et de la Fraternité du Christ. Entourés de trois puissances absolues, faibles par le nombre et par les moyens matériels ; mais forts dans leur droit, ils n'eurent que des armes morales. Ils protestèrent à la face du monde contre l'usurpation du protectorat hypocrite et barbare du Czar. Ils mirent au jour leurs longues et diverses souffrances. Le nom de la Justice et de la Fraternité fit obstacle à tout excès, ainsi qu'à tout désordre.

Le Russe envahit la Valachie par le droit du plus fort, sans aucun prétexte légal, et cet envahissement eut lieu en présence de la France et de l'Angleterre, qui avaient garanti l'intégrité de l'Empire Ottoman. Cette indifférence s'appuya sur la doctrine inhumaine et antichrétienne de la non intervention. La Fraternité fut bannie, la Justice fut insultée dans ses statues (1) et dans la personne de milliers de citoyens innocents. Cet acte, commis en plein dix-neuvième siècle, fut nommé par les Russes : « rétablissement de l'ordre légal ! »

Mais où étaient les perturbateurs de l'ordre? où étaient les criminels? Nulle part. Lors du mouvement régénérateur de 1848 en Valachie, les hommes avaient crié : Justice! Fraternité ! nos anciennes lois et coutumes ! C'était là le crime. Ceux qui avaient soif de justice formaient un peuple entier. Le Peuple donc fut condamné à subir le martyre.

Les Radetzki, les Windischgraetz, les Haynau, épuisèrent leurs vengeances, se désaltérèrent dans le sang de quelques centaines de victimes qui s'étaient armées pour soutenir leurs droits.

Le Cosaque féroce ne trouva en Roumanie aucun bras armé ; cette nation n'avait en main que la croix, et ses paroles n'étaient que Paix et Justice. Tout le Peuple donc fut criminel et proscrit.

Après l'occupation du pays entier par les armées *protectrices* du Czar, un dimanche d'octobre 1848, lorsque tous les habitants étaient à l'église, les maisons de Dieu furent envahies par des Cosaques. Des prêtres, des chantres, des bourgeois de toute classe, des paysans dans les villages, des vieillards et des jeunes gens, furent arrêtés et conduits par groupes dans les prisons. Les routes du pays qui allaient à la capitale gémissaient sous le poids des chariots chargés de paysans garrottés et enchaînés. Les villages devinrent déserts, Bucaresci fut plongée dans le deuil : les femmes et les enfants parcouraient ses rues, fai-

---

(1) Après le mouvement régénérateur, le Peuple de Bucaresci éleva, sur une des places de sa ville, une statue à la Justice. Le commissaire du Czar, général Duhamel, fit renverser cette statue avec force outrages à son adresse et à celle de ceux qui l'avaient fait ériger.

sant entendre des cris de douleur, et remplissaient les cours des maisons habitées par les généraux de l'armée protectrice, afin de sauver leurs époux et leurs pères qui étaient transportés dans des monastères. Ceux qui étaient libres attendaient aussi leur tour, car chacun était coupable du même crime : « avoir eu soif de justice ». Tout le monde avait commis la même énormité : « ne pas vouloir s'armer pour fournir au Czar le prétexte d'occuper légalement la Moldo-Valachie. »

Chacun était consterné et attendait à tout instant de voir commencer les fonctions du bourreau, les massacres de Haynau. Mais non, le Cosaque a soin de prolonger et de varier ses tortures ; il s'efforce de faire disparaître les hommes et de passer en même temps pour humain !

Les prisonniers, par dizaines de mille, gémissaient dans les villes et les villages.

Parmi les villageois flagellés, martyrisés sur la route, jusqu'à leur lieu de détention, il y en eut beaucoup qui moururent, soit par suite des souffrances, soit par suite de la terreur. Ceux qui purent supporter ces horribles maux, s'ils eussent tombé entre les mains de Haynau, auraient été pendus ou fusillés ; mais, au pouvoir des Cosaques, on leur laissait la vie ; car ils étaient nécessaires pour servir et nourrir l'armée protectrice ; car les Russes avaient besoin de leurs signatures, afin de démontrer au monde que le mouvement n'était que l'œuvre d'une faible minorité. Ces hommes furent délivrés ; car on avait besoin de leurs bras, de leur travail, de leurs bestiaux, de leur froment et de leur fourrage. On leur épargna la potence, en les condamnant à mourir de faim plus tard. Tels sont les supplices inventés par les protecteurs de la Roumanie !

Ces milliers de villageois, domptés par les tortures sans nombre qu'on leur faisait subir, furent ensuite invités par leurs bourreaux à affirmer par écrit que s'ils s'étaient soulevés pour demander justice, ils ne l'avaient fait que poussés par la force ; ils furent encore contraints par leurs bourreaux d'attester qu'ils étaient satisfaits de l'ancien ordre de choses.

« Non, répondirent les villageois ; nous avons demandé justice, car il n'y avait pas de justice ; les ciocoï nous enlevaient le bœuf, la vache et le pain, et les Russes ne venaient que pour nous arracher la peau. Personne ne nous a contraints par la force de demander justice. Nous sommes sur la terre et Dieu nous voit du ciel ! Nous avons cru que les Turcs nous rendraient justice. Nous sommes venus par centaines de mille pour recevoir avec des honneurs l'envoyé du Sultan ; nous l'avons reçu avec amour, nous avons parsemé son chemin de fleurs et d'épis de froment. Nous avons crié : Justice ! les lois de nos pères ! Un autre Turc est venu et nous a livrés aux mains du Russe. C'est alors qu'on nous fit violence, qu'on nous amena garrottés, enchaînés et frappés de verges, pieds nus, dépouillés et mourants de faim. Lorsque nous sommes venus au nom du Christ et de la Justice, nous n'avons pas été amenés par la violence, mais spontanément, revêtus de nos habits de fête, entourés de nos enfants et de nos vierges, tenant des palmes et des couronnes. »

Les bourreaux redoublèrent leurs rigueurs ; la faim et la torture décimaient chaque jour le Peuple-martyr. Les plus courageux parmi les paysans supportèrent tout avec héroïsme et succombèrent sous le poids des tortures redoublées. Les plus faibles, fatigués par les tourments, n'ayant plus leurs frères à leurs côtés pour ranimer leur courage chancelant, se décidèrent à se soumettre aux conditions prescrites et à

attester qu'ils étaient satisfaits du règlement czarien
et de l'ancien état de choses.

Quelques milliers de signatures, arrachées par la
ruse et la violence, acquirent de la valeur aux yeux
des cabinets de l'Europe; mais plus de huit cent
mille signatures, dictées par seize années de souffrances, données de bonne volonté, avec l'espérance
de trouver justice devant la Sublime-Porte, de pareilles signatures ne purent jouir d'aucune considération ; elles devinrent la proie des flammes, elles
furent oubliées par tout le monde.

Si les villageois furent délivrés, ce fut pour aller
mourir sous les corvées pénibles auxquelles ils
étaient astreints. Ces corvées consistaient à faire les
transports de l'armée d'occupation, destinée à étouffer
la liberté des Magyars et à menacer plus tard
l'Orient et la liberté des Peuples de l'Europe. Ce qui
resta de paysans se trouve aujourd'hui sans gîte,
sans bestiaux, sans pain, sans habits, mendiant dans
les rues des villes. Depuis que la Valachie existe, on
n'avait jamais vu un paysan mendier son pain !

Les prisons ne renfermaient plus que des habitants des villes. Ceux-ci gémissaient par milliers
dans les monastères. Les plus faibles parmi eux,
les plus riches, se rachetèrent à prix d'argent, et les
généraux russes ne laissèrent pas échapper cette
occasion d'augmenter leur fortune. Ils reçurent
l'argent, mais ils forcèrent les captifs à attester par
écrit qu'ils avaient été trompés et qu'ils étaient con-
tents de l'ancien état de choses. Ils sortirent des
prisons sous la caution de leurs parents et de protecteurs achetés à prix d'or.

Huit cents personnes, les plus dévouées ou les
plus pauvres, demeurèrent captives, renfermées
dans le monastère de Plumbouita, sous la garde des
Cosaques. Une nuit le monastère prit feu. Les pri-

sonniers sortaient en chemise afin d'échapper aux flammes. L'hiver était rigoureux, et les gardiens étaient *des Russes;* ils ne prirent en considération ni les flammes, ni le froid : leur consigne était de ne laisser sortir personne, ils obéirent à leur consigne. En conséquence, personne n'avait la liberté de sortir avant qu'elle n'eût été donnée par un nouvel ordre venu de Bucaresci. Le monastère brûlait, les chambres devenaient la proie des flammes, et il fallait des heures pour recevoir des instructions de la capitale, concernant le sinistre. Le général russe était au bal et dansait avec les prostituées boyaresses; il se trouvait au milieu des plaisirs et des orgies nocturnes : pouvait-on interrompre son Excellence dans ses distractions pour un événement d'aussi mince importance?

Enfin, lorsqu'on put l'aborder, on lui dit que Plumbouita brûlait. Que devait-on faire de cette tourbe de *frantzouski-douh* (esprit français)?

Le général se rappela que ces huit cents prisonniers n'avaient pas encore signé les déclarations exigées, bien plus, qu'ils n'avaient encore rien payé; les prisonniers étaient les hommes les plus considérés dans le mouvement et leurs signatures importaient beaucoup à la politique russe. Son Excellence fit un geste de dédain et ordonna de les laisser sortir des flammes, afin de ne pas perdre, par leur mort, et leur argent et leurs signatures.

Lorsque le Cosaque apporta cette nouvelle à Plumbouita, les prisonniers, poussés par le désespoir, avaient déjà forcé les gardes et se trouvaient dans la cour, déterminés à subir le martyre jusqu'à la fin; aucun d'eux ne perdit courage, aucun d'eux ne s'abaissa jusqu'à fuir. Leur révolte n'avait eu d'autre but que de désarmer les gardes et de les réduire à l'impuissance de les tenir renfermés dans leur chambre en feu.

Cette ignominie russe indigna le commissaire turc, et il se rappela que son maître était le suzerain de la Valachie. Il réclama formellement les prisonniers, afin qu'ils fussent gardés par les soldats de la Sublime-Porte. Ils furent transportés dans le monastère de Vacaresci. Là, sous la garde des Turcs, ils trouvèrent des chambres chaudes, une nourriture saine, et même de la sympathie. Leur captivité dura plusieurs mois. Ils passèrent en jugement parce qu'ils s'étaient refusés à souscrire aux conditions infamantes posées par le général russe, et parce qu'ils avaient persisté à vouloir demeurer coupables de l'ordre et de la paix, à démontrer que les Russes étaient innocents de l'ordre et de la paix.

Jésus-Christ a personnifié en lui l'humanité entière, et tout ce qui s'est passé pendant son jugement et sa condamnation, s'est accompli de siècle en siècle pour le jugement et la condamnation de tous les martyrs qui ont, comme lui aussi, supporté leur croix de douleur et se sont déterminés à souffrir et à mourir pour la vérité. Christ ne fut pas jugé par les Romains, mais par ses propres compatriotes, les Juifs. Les martyrs de la Roumanie, afin que l'Evangile s'accomplisse, ne furent pas jugés par les Cosaques, mais par les Roumains, et pour que l'analogie soit complète, il y eut des Roumains pour les condamner.

Une commission de boyars fut nommée, choisie parmi tous les Annes et les Caïphes de la Roumanie, parmi ses pharisiens les plus dépravés. Il suffit de citer leurs noms pour inspirer le dégoût et le mépris à tous ceux qui connaissent toute cette lèpre du boyarisme roumain :

Scarlate Ghica, *le Beysadé*, reconnu dans toute sa

vie comme espion du consulat russe, courtisan le plus rampant et le plus dépravé de la famille des Ghica.

Constantin Balaceano, le plus ignorant parmi tous les boyars, le plus imbu des préjugés de cette bureaucratie privilégiée. Pour parvenir aux emplois, il ne fit que ramper toute sa vie; il fit divorcer sa première fille d'avec son mari pour la prostituer au consul russe Rukman, et maria ses deux dernières enfants avec des Russes.

Jean Slatineano, homme sans principe, courtisan des gospodars, espion des consuls russes, calomniateur de sa femme, père dénaturé qui abandonna ses enfants pour vivre avec une Messaline.

Demétrius Ralet, surnommé le *Dovleacu*, d'une ignorance égale à celle de C. Balaceano, d'un boyarisme sans capacité, d'une vie sans histoire, d'un nom sans épithète. Fardeau inutile sur la terre, homme n'adorant que les titres et le Czar.

Michel Cornesco, voltairien sans philosophie, cynique sans vertu, professant tous les principes, se moquant de toute religion, et esclave des Cosaques comme défenseurs de la religion. Lorsque les boyars se rassemblèrent pour rédiger une pétition et demander la retraite des Russes, c'est Cornesco qui s'écria : « Si les Russes s'en vont, nous devons nous en aller avec eux. »

Emmanuel Argyropolo, phanariote pur-sang, éternel instrument et espion de la Russie. Lorsque dernièrement la Russie ourdit un complot, affilié à celui de la Bulgarie, par l'entremise de Mavros, contre les Turcs, on vit parmi les membres du comité *révolutionnaire* moscovite, Argyropolo figurer en première ligne.

Nicolas Ghica, beau-frère d'Argyropolo, homme nul et sans capacité, membre de la caste phanariote, plein de ses vices et privé de ses talents d'intrigue.

Il n'a d'autre volonté que celle de sa femme, et sa femme ne veut que ce que son frère veut, et la volonté du frère n'est que celle des valets du consul russe.

Scarlate N. Ghica, fils de Nicolas Ghica, neveu d'Argyropolo, et digne fils de sa propre mère.

Scarlate Rosetti, chevalier d'industrie, aventurier, mendiant des décorations du pape, du duc de Lucques, des chevaliers de Saint-Jean, et de celle de Sainte-Anne que le Czar destine aux traîtres. Escroc reconnu, voleur stigmatisé, en un mot, homme digne d'être recruté par la police du Czar.

Garbaski, officier russe, marié à une Roumaine, parasite du consulat russe.

Jean Soutzo. Les familles qui portent le nom de Soutzo sont connues en Valachie et en Moldavie par leurs intrigues et leurs servilisme pour les Russes. Tous les Soutzo sont les fléaux de ces deux pays.

Enfin, pour compléter cette commission, figuraient encore quelques malheureux insignifiants qui ont toujours déshonoré le nom de leur famille.

Ce sanhédrin eut pour greffier un certain Jatropolo, ciocoïu, de la race la plus rampante, et secrétaire au ministère de la justice, destitué pour vol, étranger en Valachie, plante parasite, comme tous les rebuts de la Grèce et du Phanar.

Voilà les hommes qui jugèrent et condamnèrent les martyrs roumains.

Les martyrs échappés des mains des sbires de la police boyaresque et des lances des Cosaques, escortés par les Turcs, subirent avec le plus grand courage toute la rigueur du jugement. Ils firent pâlir leurs juges infâmes. Cependant malgré la méchanceté des juges, malgré leur désir de prouver la culpabilité des prévenus, malgré les accusations et les calomnies des faux témoins, les martyrs de la régénération roumaine démontrèrent sans relâche, à chaque instant de leur interrogatoire, qu'ils n'avaient prêché que l'Ordre, la Paix, l'Amour, la Fraternité et la Justice ; que si le pays avait joui pendant trois mois d'une tranquillité parfaite, c'était grâce à leurs conseils et à l'écharpe tricolore qu'ils portaient et qui représentait la Roumanie ; que les conspirateurs avaient été les Roumano-phanariotes, créatures du Czar ; que l'auteur des complots était le Czar lui-même.

Le commissaire turc ne trouvait aucun crime dans ces martys, mais les Caïphes de la Roumanie déchiraient leurs vêtements et s'écriaient : « Qu'on les mette à mort ! » On les aurait mis à mort s'ils eussent été *un*, mais ils étaient huit cents ! Et huit cents familles auraient été frappées au cœur par la hache du bourreau, et huit cents voix multipliées par dizaines et par centaines auraient crié : Vengeance ! Et l'Europe entière eût répété : Barbarie, infamie, sacrilége, vengeance !

On se détermina donc à en délivrer la plus grande partie. Mais où étaient les perturbateurs, les criminels ? Où était le désordre, si tout le monde était innocent ? Pourquoi étaient venues *les armées protectrices de la Russie* ? Le monde entier sait que les Russes n'ont envahi la Valachie que pour abattre les Hongrois, humilier la Turquie et se préparer un chemin plus sûr et plus court vers Constantinople. Les Russes avaient besoin de trouver ou même de créer quelques criminels, d'en punir quelques-uns, afin de démontrer que la paix avait été troublée en Valachie, et qu'ils n'étaient venus que dans le but de protéger les Roumains. La Hongrie n'était qu'une chose accessoire, une occasion qui se présentait de protéger l'Autriche, disaient-ils.

Donc, toute leur colère et celle des Caïphes de la

Roumanie tombèrent sur les martyrs les plus animés de
l'esprit du Christ et qui pendant leur jugement avaient
prouvé que les brigands avaient été les ciocoï;
que c'était la Russie qui avait lancé Hypsilanti en Valachie en 1821; que c'était la Russie qui avait ourdi
le complot d'Ibraïla en 1841; que c'était la Russie
qui avait préparé le complot contre Alexandre Ghica
en 1842, à la première arrivée de Duhamel; que
c'était enfin la Russie, toujours la Russie, à la
seconde arrivée de Duhamel en 1848, qui avait fait
faire le massacre, le pillage, dans la maison de Mavros, en compagnie de Soutzo, d'Alexandre Ghica
le Vestiar, de Constantin Cantacuzène, de leurs amis
et de leurs parents; que c'étaient eux qui avaient
comploté d'assassiner le domnu, et de livrer le pays
à l'anarchie pour fournir un prétexte légal à l'invasion des Cosaques. Lorsque ces hommes, pleins de
courage et de vérité, démontrèrent que le mouvement
roumain de 1848 ne fut pas une rébellion; mais une
protestation formelle contre la rébellion ourdie par
les Russes; mais un effort pour conjurer l'anarchie,
et enfin une heureuse occasion de mettre au jour les
souffrances du pays et ses droits; alors, de pareils
criminels ne pouvaient trouver grâce. Qu'ils soient
punis! s'écriaient les pharisiens de la Roumanie!
Une punition exemplaire, s'écriaient tous les com-
plotistes qui avaient conspiré contre la paix, dans la
maison du consul russe, et qui se trouvaient dans
ce moment sous la protection du Cosaque.

Quel était leur crime? *Ils avaient brûlé*, disait-on,
e règlement organique, le livre d'or où se trouvaient
la signature du Sultan et la griffe du Czar! C'était
un crime de lèse-majesté. On les accusa donc de ce
crime, comme on avait accusé Christ de conspirer
contre César, et de s'être proclamé roi des Juifs. Il
fut permis à Christ de répondre que son royaume

n'était pas encore de ce monde, de cette époque du César. « Qu'on l'emmène, qu'il soit crucifié ! » On ne laissa pas aux condamnés roumains le temps de se défendre, de répondre que d'autres qu'eux avaient brûlé le règlement. Ils auraient eu pourtant le courage de répondre qu'ils auraient assisté avec plaisir à cet auto-da-fé réglementaire : Ce livre étant le livre du péché, le livre de la trahison, le livre maudit, mais que par malheur, en ce moment, ils se trouvaient absents de la capitale, car tous étaient commissaires dans les arrondissements du pays, prêchaient l'ordre et la paix, et invitaient le paysan au travail des champs. Ils furent condamnés sans être même interrogés sur ce point, seule base de l'accusation. Ils furent condamnés aux travaux forcés dans les bagnes de Snagov et de Margineni, pour gémir dans les fers avec les forçats.

Et l'auto-da-fé du règlement avait eu lieu de la manière suivante :

Le 6 septembre, lorsque l'armée turque était à la veille de son départ pour Bucaresci avec Duhamel, accompagné de Fuad-Efendi, une vingtaine d'hommes, avec un étendard, vinrent au palais administratif et demandèrent la permission de se présenter devant les membres de la Lieutenance. Introduits, ils dirent qu'ils étaient envoyés de la part du Peuple pour demander au gouvernement l'archontologie (le livre d'or où sont inscrits les noms des fonctionnaires titrés), et le règlement organique condamnés par le Peuple à être brûlé. Les membres de la Lieutenance, comprenant que cette demande était un piége que leur tendait la Russie, refusèrent d'y accéder et renvoyèrent les soi-disant délégués du Peuple. En un quart d'heure, plus de cinq mille individus assaillirent le palais ; à leur tête se trouvaient des hommes connus comme agents russes et quelques-unes de leurs dupes. Avec des menaces et des cris répétés, la foule demande le règlement. Les membres de la Lieutenance cherchent à faire entendre raison à ces masses égarées. Ils n'avaient aucune force matérielle à leur opposer, car l'armée avait été corrompue par un certain Jean Voïnesco Ier, créature russe, et lors même qu'elle eût été fidèle, il eût été difficile, d'après les propres principes d'un gouvernement élu par le Peuple, d'ordonner de faire feu contre ce Peuple même.

Après une opposition verbale de plus d'une heure, le Peuple s'accroissant sans cesse et excité par les meneurs, enfonce les portes, envahit le palais et se rend maître de tous les appartements. Mais on n'y trouva que l'archontologie. Le règlement organique était depuis quelques semaines chez un Français chargé d'en tirer deux copies ; le chef de police connaissait ce fait, il savait aussi où habitait le copiste : il le révéla. On se rendit en masse au domicile du Français, et le règlement organique enlevé et placé avec l'archontologie sur deux lits mortuaires, fut conduit dans la cour du métropolitain où s'accomplit l'auto-da-fé au milieu de la joie du Peuple, des appréhensions des membres du gouvernement et de tous les hommes sages et intelligents, qui savaient que la Constitution ne pouvait pas se consolider par de semblables excès, aboutissant à la destruction de deux livres qui étaient du domaine de l'histoire ; mais seulement par l'ordre et la prudence, et plus encore par l'affaiblissement des arguments moscovites. Ces excès ne faisaient que donner des forces aux desseins de Duhamel. Tous les bons citoyens roumains ne considérèrent cet acte de courage du Peuple abusé que comme une trahison de la part des excitateurs.

Le gouvernement, pour donner une preuve de sa désapprobation, eut l'intention de destituer le chef de la police ; mais cet acte pouvant être considéré comme une insulte et un défi au Peuple, il s'en abstint.

Les membres de la Lieutenance comprirent encore que cette destitution serait un nouveau motif de désordre inutile, puisque dans trois jours tout allait être terminé par l'arrivée des Turcs dans la capitale. Les membres de la Lieutenance se décidèrent donc à patienter pour maintenir la tranquillité jusqu'à la remise de la capitale et de leurs pouvoirs au nouveau gouvernement.

Voilà de quelle manière a été brûlé le règlement. On voit par là que les intrigues de la Russie avaient pour but de faire paraître le mouvement roumain rebelle à la Turquie et injurieux pour le Sultan, afin que la Sublime-Porte fût contraire à la Régénération roumaine.

Les martyrs qui aujourd'hui gémissent dans les bagnes à côté des forçats, les martyrs qui moururent dans les tourments, avaient tous été absents de la capitale, le 6 septembre, lorsque le règlement fut brûlé. Mais la Russie avait besoin de condamnés : afin de justifier son crime, elle avait besoin de victimes.

Le diable, dit-on, protége toujours ceux qui lui sont dévoués. Pourquoi la Russie ne protégerait-elle pas ceux qui l'ont servie à cet auto-da-fé? Les excitateurs de ce désordre furent exempts de toute punition, bien plus de toute poursuite? Les condamnés étaient tous innocents dans l'affaire du règlement, mais ils étaient tous coupables de patriotisme et de protestations pacifiques contre l'invasion des Cosaques !

Voici quelques-unes des victimes de la politique moscovite :

Nicolas Minco, jeune négociant de première classe. Lorsque le gouvernement provisoire fut proclamé, il devait être composé d'hommes représentant tous les intérêts. Nicolas Minco fut élu pour représenter le commerce. Après la dissolution du gouvernement provisoire, Minco se retira chez lui. Constitutionnel de toute son âme, ami de l'ordre et de la paix, turcophile par principe, chaque fois que l'ordre de la capitale fut menacé par les intrigants russes, il employa son influence à assurer la tranquillité. A l'entrée des Russes, il fut persécuté et arrêté: d'une mauvaise santé, accablé par ces poursuites, il mourut en laissant une mère désolée. Il était fils unique.

TURNAVITO, ex-professeur, plein de verve et de vérité, ennemi déclaré des anciens abus, organisateur des écoles normales de Giurgevo et de Buzeo, l'un des plus zélés défenseurs de la constitution proclamée le 9 juin 1848, fut nommé administrateur ou préfet du district des frontières, du nom de Foxani. Pendant la Régénération roumaine, il parvint à rétablir dans son district la confiance générale et organisa le pays qu'il administrait en l'éclairant sur les bienfaits des lois nouvellement proclamées. A l'invasion des Russes, il se mit à la tête des habitants de son district, paysans, prêtres, vieillards, femmes et enfants, et attendit les envahisseurs. Il protesta avec le Peuple contre cette violation du droit des gens; tout le monde était désarmé, les têtes découvertes et à genoux. Les prêtres déposèrent les Evangiles et la croix sur le chemin des Cosaques. Mais *ces orthodoxes* sous les ordres du général Luders, foulèrent aux pieds la croix et les Evangiles, chassèrent et dispersèrent le Peuple à coups de piques et de baïonnettes et mirent aux fers les prêtres. Turnavito voyant sa croyance profanée par l'armée du soi-disant protecteur de la religion et du pays, ne pouvant supporter cette barbarie inouïe de massacrer un peuple désarmé et suppliant, se livra de lui-même aux mains des Cosaques, pour subir le même sort que ses compâtriotes. Il apostropha le général en l'exhortant à délivrer les vieillards et les prêtres comme innocents, et à ne punir du crime de patriotisme et de protestation, que lui seul, le chef du district. Il fut amené à Bucaresci, les mains et les pieds enchaînés, avec quelques centaines de paysans et de prêtres. On connaît déjà le sort de ces malheureux captifs et les conditions aux prix desquelles ils furent délivrés. Turnavito devait expier son crime d'avoir aimé son pays. Il fut un de ceux qui supportèrent jusqu'à la fin le plus cruel martyre avec un courage exemplaire. Ayant survécu à ses souffrances, il fut condamné aux travaux forcés, au bagne de Snagov, et puis transféré à Margineni. Pendant tout le temps de son procès, il couvrit de honte et stigmatisa ses juges infâmes : « Esclave ! dit-il un jour à un officier russe qui venait s'emparer de lui pour le remettre entre les mains de ses geôliers, ne me touche pas ; frappe avec ton sabre, mais ne profane pas la dignité d'un homme libre. J'ai rempli mon devoir envers mon pays, fais le tien à ton tour. Tes frères sont des esclaves. »

SCARLATE VOÏNESCO. Il ne faut pas confondre ce jeune homme avec le maudit Jean Voïnesco Ier, créature russe élevée à Odessa, corrupteur de la milice nationale, et qui, à l'arrivée des Russes, fut nommé chef de police pour mieux reconnaître et persécuter les hommes du mouvement régénérateur.

Scarlate Voïnesco est un Roumain de toute autre éducation et de principes bien différents. C'est un des premiers propriétaires du district de Buzeo. Jouissant d'un grand crédit parmi les habitants des trois districts environnants, plein d'ardeur pour l'amélioration de son pays, et défenseur de l'ordre et de la Constitution qui venait d'être proclamée, il fut nommé administrateur ou préfet du district de

Buzeo : émule de Turnavito, il y rétablit la confiance et anima le Peuple des sentiments qu'il nourrissait.

Lors de leur entrée à Bucaresci, à la suite d'une déplorable méprise préparée par le commissaire russe Duhamel, les Turcs commirent le massacre de la caserne de Spyro. Duhamel, ce digne agent du Czar, voyant son plan réalisé, voyant que le prétexte de faire entrer les troupes russes en Valachie était déjà fourni par les Turcs eux-mêmes, expédia de suite une lettre au général Luders en Moldavie, dont voici le sens :

« Général,

« Grâce à l'état arriéré des Turcs, travaillés par
« nos hommes, le prétexte légal pour faire intervenir
« les armées de Sa Majesté en Valachie est déjà fourni
« par les Turcs eux-mêmes. Le désordre est commis,
« le sang a coulé, les Turcs sont entrés en barbares,
« nos armées doivent entrer en protectrices. Hâtez-
« vous, mon général, de passer la frontière : la Vala-
« chie est à nous. Voici le moment de posséder
« l'Orient et de menacer l'Occident. »

Duhamel avait raison d'être fier de son génie intrigant. C'était l'insouciance des Turcs et leur confiance dans la loyauté moscovite qui les avaient fait tomber dans ce piége préparé de longue main. Il avait raison de croire que les armées de son maître, une fois entrées en Valachie, étaient en état de posséder l'Orient et de menacer l'Occident, car elles se postaient là dans un point toujours considéré par la Russie comme son Gibraltar danubien ; et l'état des choses en 1848 était plus que jamais favorable aux plans de la Russie, à cette époque où les cabinets de l'Europe ne s'occupaient que de l'intérieur de leurs pays respectifs.

Scarlate Voïnesco, comme administrateur de Buzeo, fit arrêter le courrier de Duhamel et fit décacheter ses dépêches. L'intrépide administrateur avait eu le courage d'arrêter le courrier moscovite ; mais intimidé par les boyars présents, il n'osa pas conserver l'original de la lettre pour protester à la face de l'Europe contre les sentiments loyaux du Czar. Il en tira seulement une copie en présence des notables de la ville de Buzeo, et relâcha le courrier qui put aller à sa destination avec la lettre dont il était porteur.

Deux jours après, les Russes étaient à Buzeo que Scarlate n'avait pas quitté un seul instant. Ce bon Roumain fut saisi par les Cosaques et mis aux fers avec Turnavito et autres. Il supporta le martyre jusqu'à la fin de son jugement. Il fut condamné, toujours pour le même crime, le *crime sempiternel,* d'avoir brûlé le règlement! On se garda bien de faire allusion à la fameuse lettre, ce qui aurait occasionné un scandale défavorable aux projets moscovites : Scarlate Voïnesco fut condamné aux travaux forcés pour n'avoir pas été présent aux funérailles du règlement.

Petrésco, Zaman, Boîcea, Macoveïu, furent aussi condamnés aux travaux forcés pour avoir été commissaires, nommés par un gouvernement reconnu au nom du Sultan. Envoyés pour prêcher l'ordre dans les arrondissements du pays, ils étaient par conséquent absents le 6 septembre, lorsque les agents de la Russie excitaient le Peuple à brûler le livre qui portait la signature du Czar. Nous ne connaissons de la vie de ces derniers martyrs que leurs tortures, leurs fonctions pendant le temps de la Régénération et l'injuste sentence prononcée contre eux.

Aricésco, jeune poète roumain, élève du collége

de Saint-Sava et condisciple de Scarlate Voïnesco. Ses poésies sont pleines de patriotisme. Indigné de la condamnation injuste de ses compatriotes, il lança ses anathèmes empreints d'une colère sacrée contre le Czar dans une poésie anonyme. Le gouvernement de Stirbeïu devint furieux lorsqu'il connut ce crime de lèse-majesté calmoucque! Il se mit à la poursuite du coupable. Plusieurs hommes de lettres, prévenus de ce grand sacrilége, furent arrêtés. Tous allaient être condamnés pour que le coupable ne pût échapper à la justice. Ce fut une façon expéditive dont Hérode le premier a eu tout l'honneur, lorsque pour atteindre le nouveau-né Jésus, il fit massacrer tous les enfants de Bethléem. Aricesco, afin de sauver ses compatriotes innocents, se présenta devant les juges, et se déclara l'auteur de la poésie incriminée. Il fut condamné au bagne de Snagov, tandis que les autres martyrs furent transférés à Margineni. Le génie poétique et national de ce jeune homme pouvait consoler et soulager les peines de ces infortunés : on les sépara.

La Roumanie toute entière vit ses populations livrées à un martyre collectif ; elle fut semblable à un agneau immolé sans défense, car la Moldo-Valachie, sans se soulever contre la Turquie, ni même contre la Russie, fut livrée à la fureur des Cosaques qu'elle devait nourrir. Elle perdit en deux années plus de 200,000 hommes par suite de la torture, de la rigueur des frimats, de la fatigue des transports de guerre et de la famine. Le bœuf et la vache du laboureur devinrent la pâture du Cosaque ; son froment et son maïs lui furent enlevés : les familles perdirent leur soutien, les enfants leurs pères, les vieillards leurs enfants. Les villages maintenant sont presque déserts : on n'y voit ni hommes, ni bestiaux. Les veuves et les orphelins mendient leur pain dans les villes. Un deuil lugubre qui doit durer longtemps a couvert ces contrées jadis si riantes.

Si l'on étudie attentivement le mouvement roumain, un fait remarquable se présente tout d'abord ; il n'a pas eu de chefs, mais des serviteurs. L'individualité de chacun s'est effacée devant l'universalité de la nation. Lorsqu'il a proclamé ses droits, on a vu un Peuple souverain et sage dans sa force ; maintenant dans son malheur, on ne voit qu'un Peuple-martyr. Il n'a pas eu de chefs officiels, il n'a pas de martyrs officiels. Il s'est soulevé au nom de Christ, et c'est Christ lui-même qui souffre·aujourd'hui dans ses membres personnifiés dans un peuple. Ceci est le christianisme tout entier, et c'est ce qui rend le mouvement et le martyrologe roumain si sublime et si progressif.

Nous nous réservons dans une autre occasion de parler des martyrs de la Transylvanie et du banat de Temeswar. Les martyrs de ces contrées sont d'une toute autre nature. Ils serviront de leçons aux peuples serviles et aux peuples orgueilleux et fanatiques. Roumains et Hongrois se sont massacrés mutuellement ; deux nations de bourreaux et de martyrs en même temps, deux peuples destinés à vivre en frères, à se *coordonner* et à se fortifier l'un l'autre contre leurs tyrans communs, s'égorgèrent, aveuglés, les uns par l'ignorance, et les autres par l'orgueil et le fanatisme. Ils ne servirent que les desseins de leurs véritables ennemis. Le Hongro-Roumain représente le martyre des possédés par l'esprit du mal, des aliénés qui se meurtrissent eux-mêmes jusqu'au suicide, et qui, lorsque les convulsions cessent, tombent sous le fouet de leurs geôliers. La Hongrie ressembla, non à une prison, mais à une maison de fous du moyen-âge. Dieu avait retiré sa main de ce pays encore féodal. Ce pays devait passer par une crise comme celle de 1793, pour se purifier par le sang et le feu. Dieu châtie le Peuple qu'il veut sauver. Que la lumière de l'expérience soit avec le Hongrois et le Roumain de la Transylvanie et du Banat !

Nous ne pouvons mieux terminer ce martyrologe de la Roumanie qu'en citant les lignes qui suivent, inspirées par les malheurs des Peuples à l'auteur des *Souvenirs et Impressions d'un Proscrit Roumain* (1).

« L'année 1848 fut l'année du Seigneur, l'année de sa manifestation au Peuple.

« L'ange apocalyptique, au visage comme le soleil et aux pieds comme deux colombes de feu, vint se poser sur la terre pour toucher les Peuples. Il éleva sa voix terrible, et sept tonnerres se firent entendre.

« Paris — Berlin — Vienne — Milan — Rome — la Roumanie — la Hongrie, firent gronder les tonnerres de la justice divine.

« L'antique dragon à sept têtes et à dix cornes, entraînant avec sa queue la troisième partie des étoiles du ciel, vint s'arrêter devant la femme qui devait enfanter le salut universel, pour dévorer son fruit.

« Michel et les anges combattirent contre le dragon à sept têtes et à dix cornes, et le dragon avec ses anges combattirent contre Michel....

« Les rois et leurs satellites, tout homme de l'Ancien monde, ne firent qu'un seul camp pour combattre l'homme nouveau, l'homme qui avait renié Satan, son empire et ses anges.

« La lutte fut sanglante. L'homme nouveau com-

____

(1) Un vol. in-8°. Publication de la LIGUE DES PEUPLES.

battit partout héroïquement. Mais la générosité et la droiture du héros le firent tomber dans les piéges que l'homme du Mensonge et de la Ruse lui avait tendus.

« Fatigué par le combat, pliant sous le poids des fers, écrasé de douleur par la perte des siens, de ces martyrs tombés sur le champ de bataille et sous la hache du bourreau, brisé par le désespoir, il se mit à gémir dans un repos semblable à la mort, Son esprit est prompt et sa chair est faible.

« Mais l'esprit, par sa nature, ne fit que se développer, s'agrandir et s'éclairer, en réunissant toutes les idées, toute l'expérience amenées par ces deux dernières années et léguées sur le champ de bataille et sur l'échafaud par les héros qui succombèrent.

« Tout homme nouveau est aujourd'hui un homme multiple ; il concentre en lui les idées et les vérités de milliers de martyrs. Tout soldat du Progrès vaut des milliers d'autres soldats. Dieu, la Vérité, sont manifestés aujourd'hui dans le camp du Progrès.

« Ce camp demeure en ce moment immobile ; il est au repos et restaure ses forces. Mais l'orage se prépare, les nuages s'ammoncèlent, sombres, lourds, chargés de tonnerres, immobiles, semblables à cette nuée qui jadis portait dans ses flancs le feu destructeur qui devait dévorer les deux cités bibliques, personnification éclatante de la corruption de toutes les époques.

« Les nuages, dans leur immobilité sinistre, tantôt sombres, tantôt blafards, tantôt prenant la couleur de l'airain, lancent par intervalles des éclairs.

« Une lumière passagère paraît et se cache soudain ; elle dessine, sur le front du ciel, un front ridé par une pensée sombre et mystérieuse, semblable à celui d'un juge implacable, prêt à prononcer la sentence.

« Où se dirigera cette nuée, à la couleur de bronze et aux flancs de feu? Où s'arrêtera-t-elle? Quelle est la colère ou la vengeance qu'elle porte en son sein?

« Combien durera ce cataclisme qui menace les tyrans et les esclaves *serviles?*

« Dieu donnera le signal. Son doigt lui montrera le chemin, son bras arrêtera sa course.

« Mais elle ne pleuvra que du soufre enflammé et du plomb fondu; elle purifiera la terre de ses longues et diverses iniquités.

« La terre, comme une vierge, apparaîtra dans Celui qui a existé et qui existera de toute éternité,

« Et les justes s'écrieront : « Nous avons vu la « véritable lumière, et nous avons reçu l'esprit du « ciel ! »

« Et l'ange, établi sur les eaux et sur la terre, s'écriera :

« Tu es juste, Seigneur, toi, qui es et qui as tou- « jours été; tu es saint dans ces jugements que tu « as exercés.

« Parce qu'ils ont répandu le sang des saints, des « prophètes et des *martyrs.* Tu leur as aussi donné « du sang à boire. C'est ce qu'ils méritent. (*Apo-* « *calypse*, chap. XVI, vers. 5 et 6.)

« Oui, la fin de la tyrannie approche, la fin de « cette hydre que l'*Apocalypse* représente par la bête « à sept têtes, et dont les principes et les intérêts « différents et confus sont personnifiés dans le nom « de la grande Babylone.

« Elle est tombée, elle est tombée la *monarchie* « (la grande Babylone), s'écrie le disciple du Christ, « elle est devenue la demeure des démons, la prison

« de tout esprit immonde, et le repaire de tout
« oiseau impur et haïssable.

« Parce que toutes les nations ont bu du vin de la
« colère de sa prostitution, parce que les rois de la
« terre se sont corrompus avec elle, et que les mar-
« chands de la terre se sont enrichis par l'excès de
« son luxe.

« Sortez de ces doctrines (de cette ville), mon
« peuple, afin que vous n'ayez point de part à ces
« péchés, et que vous ne soyez point enveloppés
« dans ses plaies.

« Car ses péchés sont montés jusqu'au ciel ; et
« Dieu s'est ressouvenu de ses iniquités.

« Traitez-la comme elle vous traite ; rendez-lui
« le double, selon ses œuvres. Dans le même calice
« où elle vous a donné à boire, donnez-lui à boire
« deux fois autant.

« Multipliez ses tourments et ses douleurs, à pro-
« portion qu'elle s'est élevée d'orgueil et livrée au
« luxe.

« Parce qu'elle a dit dans son cœur : « *Je règne*
« *sur le trône et je ne suis pas veuve, je ne serai*
« *jamais sujette au deuil.* »

« C'est pourquoi ses plaies, la mort, le deuil et la
« famine, viendront sur elle en un même jour ; elle
« périra par le feu, parce que Dieu, qui la condamne,
« est puissant.

« Or, tous les rois de la terre, qui se sont cor-
« rompus et ont vécu dans la luxure avec elle, pleu-
« reront sur elle et frapperont leurs poitrines en
« voyant la fumée de son embrasement.

« Ils se tiendront loin d'elle, dans la crainte de
« ses tourments, et ils diront : « — Hélas ! hélas !
« Babylone, la grande ville, la ville puissante, ta
« condamnation est venue en un instant ! »

« Les marchands de la terre pleureront et gémi-

« ront sur elle, parce que personne n'achètera plus
« leur marchandise.

« Ces marchandises d'or et d'argent, de pierre-
« ries, de perles, de lin fin, de pourpre, de soie,
« d'écarlate, de toutes sortes de meubles d'ivoire,
« de bois précieux, d'airain, de fer et de marbre;

« De cinnamome, de senteurs, de parfums, d'en-
« cens, de vin, d'huile, de fleur de farine, de blé,
« de bêtes de charge, de brebis, de chevaux, de car-
« rosses, de corps et d'âmes d'hommes.

. . . .

« Ciel! réjouissez-vous de cela, et vous aussi,
« saints apôtres et prophètes, parce que Dieu vous
« a fait justice d'elle. » *Apocalypse*, ch. XVIII, v. 2
jusqu'à 20.)

« Peuples, Dieu vous fera justice d'elle, de cette
Babylone, de cette Royauté qui se dit de droit divin
et héréditaire, qui se dit : « Je règne sur le trône,
« je ne suis point veuve et je ne serai jamais sujette
« au deuil. »

« Peuples, espérez, l'heure de la justice de Dieu
approche. La vérité vous est montrée ; elle vous est
léguée par le testament des martyrs du christianisme, par celui de vos derniers martyrs; la force
est à vous : que la prudence et la sagesse droite
soient avec vous ! »

UN ROUMAIN.

LES TREIZE GÉNÉRAUX HONGROIS.

Martyrs.

Mis à mort à Arad, le 6 octobre 1849.

Après la chute de la Hongrie, il se fit un moment
de silence dans ces champs et ces villes naguère
remplis de cris de liberté et des imprécations des des-

potes. Les vaincus attendaient, les vainqueurs préparaient leur vengeance. Cependant, fidèle à sa du-
plicité ordinaire, la Russie rappela ses armées ; elle
ne voulait pas être responsable du sang versé sur
l'échafaud ; elle se réservait le droit de dire plus tard
aux Magyares : « Tant que mes soldats furent présents, on vous a respectés ; votre martyre n'a com-
mencé que le jour où seuls vous fûtes livrés à la discrétion de l'Autriche. Je suis clémente, je puis vous
protéger, appelez-moi. » Ainsi, la Russie se préparait un double salaire : la mort des martyrs et une
popularité à la Ponce-Pilate. L'Autriche restée seule
maîtresse de la Hongrie ne dévia pas de sa règle de
conduite ordinaire : elle tua tout ce qui lui faisait
obstacle ou ombrage.

Nous n'avons nul besoin de rappeler en détail les
motifs qui ont déterminé la Révolution hongroise.
Les faits sont assez connus. L'histoire de la Hongrie
est celle de tous les peuples soucieux de leur dignité,
de leur honneur, de leur indépendance. Lié à l'Autriche par un pacte librement consenti, possédant une
Constitution, des lois qui, tout en réglant ses rapports avec celle-ci, établissaient néanmoins son individualité comme nation, le Peuple hongrois, avant
de se soulever, protesta d'abord légalement contre
les prétentions injustes du gouvernement autrichien.
Il épuisa toutes les voies de conciliation ; l'acte d'an-
nexion à la main, il montra que son pays n'était pas
une province de l'Autriche. Ce ne fut qu'à la dernière extrémité, après avoir été insulté dans sa
dignité nationale, qu'il résolut de rentrer en posses-
sion du droit que possède tout Peuple de se gouverner
comme il lui convient. L'empereur avait faussé le
pacte fondamental, la Hongrie n'était plus tenue à
l'obéissance. De là sa séparation et ses efforts pour
reconquérir son indépendance méconnue. L'Autriche

eût expié chèrement sa déloyauté si les armées russes ne fussent venues à son secours : à deux doigts de sa perte, elle dut son salut au Cosaque et à la Trahison.

Cependant, le Traître avait stipulé une *amnistie* pour les *rebelles!* Etait-ce sincère de sa part? ou plutôt, ne voulut-il qu'atténuer son crime momentanément, sauf à laisser faire ensuite la justice de Haynau? Quoi qu'il en soit, le traité fut rompu ; les têtes qu'on avait voulu soustraire au bourreau tombèrent! L'une des premières boucheries fut celle de treize généraux hongrois, pendus ou fusillés à Arad, le 6 octobre 1849. Nous allons dire leur martyre ; voici d'abord leurs noms :

1. Louis AULICH, né à Presbourg, âgé de 51 ans, ancien premier commandant dans le régiment d'infanterie de l'empereur Alexandre ;

2. JEAN DAMIANICH, âgé de 45 ans, né à Stafa, ex-capitaine au 34ᵉ régiment d'infanterie ;

3. ERNEST KISS d'Ellesmere et d'Ittebe, né à Temeswar, âgé de 49 ans, ancien colonel d'un régiment de hussards ;

4. CHARLES DE VECSEY, né à Pesth, âgé de 42 ans, ancien major ;

5. CHARLES KNESICH, âgé de 41 ans, ex-capitaine au 34ᵉ régiment d'infanterie ;

6. ERNEST POEL DE POETENBERG, né à Vienne, âgé de 30 ans, ancien commandant d'escadron dans un régiment de hussards ;

7. JOSEPH DE NAGY-SANDOR, né à Groswardein, âgé de 43 ans, ancien capitaine retraité ;

8. ARISTIDE DESEWFFY, né à Czakaz, âgé de 47 ans, ex-capitaine retraité ;

9. CHARLES DE LEININGEN DE WERSTEMBOURG, né à Ilbenstadt, dans la Hesse-Darmstadt, âgé de 30 ans, ancien capitaine dans le 31ᵉ régiment d'infanterie ;

10. **Guillaume Lazar**, né à Grosbeekerek, âgé de 34 ans, ancien lieutenant démissionnaire ;

11. **Georges Lahner**, né à Neusehl, âgé de 53 ans, ancien major d'un régiment d'infanterie ;

12. **Ignace Tœrœk**, né à Gœdœllœ, âgé de 54 ans, ancien directeur des fortifications de Comorn ;

13. **Joseph Schweidell**, né à Zombor, âgé de 53 ans, ancien major du régiment de hussards du grand-duc Alexandre de Russie.

Presque tous avaient été aides de camp de Gœrgey.

Envoyés par Haynau devant un conseil de guerre, tous furent accusés d'avoir pris part à la Révolution hongroise, en qualité de généraux et commandants de division.

En outre de ce *crime* général, étaient accusés :

Charles de Vecsey, d'avoir organisé les blocus des forteresses d'Arad et de Témeswar ;

Ignace Tœrœk, d'avoir accepté le commandement de Comorn, puis la direction des retranchements de Gran et de Szegedin ;

Georges Lahner, d'avoir dirigé les fabriques d'armes du gouvernement révolutionnaire ;

Et Joseph Schweidell, d'avoir accepté le gouvernement de Pesth.

Déclarés coupables tous les treize de haute trahison, pour avoir servi leur patrie, on les condamna à un supplice ignominieux, à être pendus !

Furent exceptés du supplice de la corde Kiss et de Schweidell, puis Desewffy et Lazar, qui purent mourir en soldats. Les deux derniers appartenaient à la première catégorie, ce fut par caprice que Haynau commua leur peine de la strangulation en celle de la peine de mort par la fusillade.

Le 6 octobre, à quatre heures du matin, les quatre généraux, condamnés à être fusillés, furent passés par les armes. L'agonie de Kiss fut longue ; on s'y prit à trois fois pour l'achever.

A six heures du matin, les neuf autres martyrs furent conduits au supplice.

Rien ne fut plus épouvantable que l'agonie de ces infortunés. L'exécution, commencée à six heures, se prolongea jusqu'à dix. Sur la place d'Arad, neuf potences, placées sur la même ligne, attendaient chacune une victime, et, par un raffinement de cruauté, loin de hâter l'exécution, on la prolongea à dessein, en n'employant à ces tristes fonctions qu'un seul bourreau et deux valets. Chose affreuse à penser, les condamnés, avant de se livrer à l'exécuteur, devaient avoir sous les yeux les souffrances endurées par leurs compagnons d'infortune avant de mourir.

Aulich, le premier, fut attaché au nœud fatal. Après lui vint le tour de Leiningen : il était près de huit heures. Impatienté de la longueur des préparatifs de son supplice, il s'écria, avec gaité : « — Il fallait au moins nous donner à déjeuner. — Mon général, voulez-vous boire ? lui dit alors un soldat placé auprès de lui, en tendant sa gourde. — Merci de ton vin, mon ami, répondit la victime, je n'en ai pas besoin pour avoir du cœur ; apporte-moi un verre d'eau. » Il écrivit ensuite quelques lignes à son beau-frère, détenu aussi dans la forteresse d'Arad, dans lesquelles il protestait contre l'accusation calomnieuse d'avoir fait fouetter des prisonniers autrichiens, après la prise de Bude. « Je meurs, terminait-il, pour une cause que je crois toujours sainte et toujours juste. Si, dans des temps meilleurs, on voulait venger ma mort, mes amis se souviendront que l'humanité est la meilleure des politiques. » Cette lettre ne put être achevée : à huit heures un quart, Leiningen avait cessé de vivre.

Peu de jours après, la nouvelle de cette mort tua comme un coup de foudre son vieux père, lieutenant-colonel dans les gardes de l'empereur d'Autriche.

Les autres généraux hongrois marchèrent au supplice avec fermeté et conservèrent leur héroïsme jusqu'au dernier moment. Bientôt il ne resta plus que Damianich et Vecsey. Le premier avait composé cette prière dans sa prison :

« Maître de l'univers, je t'adresse ma prière fer-
« vente. Tu m'as inspiré du courage à l'heure ter-
« rible où j'allai me séparer de ma femme ; soutiens
« encore mon courage, afin que je puisse subir avec
« énergie et en homme de cœur la rude épreuve
« d'une mort ignominieuse. Ecoute, Dieu miséricor-
« dieux, ma prière la plus ardente. Père, tu m'as
« dirigé dans les batailles et dans les combats, et ta
« main protectrice m'a plus d'une fois arraché au
« danger. Que ton nom soit béni dans l'éternité!
« Epargne, Dieu tout-puissant, à mon pays, déjà si
« malheureux, de nouveaux malheurs; inspire au
« cœur du monarque des sentiments de commiséra-
« tion en faveur de mes compagnons d'infortune, et
« guide, par la sagesse, sa volonté dans l'intérêt des
« peuples confiés à son sceptre.

« O père! arme de courage ma pauvre Emilie,
« afin qu'elle puisse supporter humblement son sort,
« avec le secours de la religion, ainsi qu'elle m'en a
« fait la promesse. Bénis Arad, bénis la pauvre Hon-
« grie, plongée dans le malheur. Seigneur, tu con-
« nais mon cœur, tu connais chacun de mes actes;
« juge-moi avec miséricorde, et puissé-je trouver un
« accueil favorable dans l'éternité. »

Exécuté l'avant-dernier, lorsqu'on lui passa la corde au cou :« Faut-il, s'écria-t-il, qu'après avoir
« toujours été le premier au feu, je sois le dernier
« ici! » Enfin, le comte de Vecsey marcha le dernier

au supplice et termina la série de ces martyrs de la cause hongroise.

Que faisait Gœrgey, le général en chef, pendant que ses aides de camp mouraient assassinés à Arad? Il allait s'établir à Klagenfurth, en Carinthie, avec sa famille, où il se disposait à reprendre ses études favorites de chimie et de botanique, dans une vie calme et retirée!!! Le Traître, gracié par l'empereur, faisait de la pastorale, tandis que la Hongrie, livrée par lui à l'ennemi, pleurait des larmes de sang!

Les treize martyrs d'Arad auraient pu se réfugier en Turquie après la trahison de Gœrgey, mais ils préférèrent rester dans leur patrie : ils avaient eu confiance dans l'amnistie de l'Autriche!...

ALFRED LEDAIN.

EDWARD FITZGERALD.

Martyr irlandais.

Assassiné à Dublin en 1798.

Dans la lutte acharnée que les Anglais ont eu à soutenir en Irlande pendant tant de siècles, ils n'eurent pas pour adversaires seulement des Irlandais *pur-sang;* ils trouvèrent encore des ennemis, et souvent les plus redoutables, parmi les Normands qui allèrent se fixer dans le pays du temps de Henri II.

En adoptant l'Irlande pour leur patrie, ces Normands prirent les mœurs, les habitudes, le costume et la langue des habitants. On ne les distingua bientôt plus des indigènes que par leurs efforts à les surpasser en patriotisme, au point que les Anglais disaient d'eux qu'ils étaient devenus plus

Irlandais que les Irlandais mêmes : (*Hyberniores Hybernicis ipsis*). Dans ce nombre était comprise la famille des Fitzgerald. Connue par sa haine héréditaire au gouvernement anglais, prêtant depuis plus de six siècles l'appui de son nom et de son crédit à la cause de l'indépendance irlandaise, six de ses membres, parmi lesquels est compris le martyr qui nous occupe, payèrent de leur tête leur dévouement sublime.

Lord EDWARD FITZGERALD était le cinquième fils du duc de Leinster et d'Emilie-Marie, fille du duc de Richemond. Ayant perdu son père à l'âge de sept ans, il accompagna sa mère et son beau-père en France. Là il continua ses études; il cultiva surtout l'art militaire, dans lequel il fit de rapides progrès, qui annoncèrent ce qu'il pourrait être un jour.

A l'âge de seize ans il retourna en Angleterre et fut nommé sous-lieutenant d'un régiment anglais commandé par son oncle le duc de Richemond. Peu de temps après, il fut envoyé en Amérique avec son régiment pour *se battre*, comme il le dit lui-même, *contre la Liberté, lui qui était destiné plus tard à mourir pour elle*. Un jour, au fort de la mêlée, il reçut une blessure; il serait mort, si un nègre ne l'avait emporté du champ de bataille et soigné jusqu'à ce qu'il fût en état d'être transporté au camp. Il prit ce nègre à son service et le garda jusqu'à sa mort.

Son amabilité, sa franchise, sa bienveillance, gagnaient tous les cœurs. On ne savait ce qui devait être admiré le plus, de sa valeur chevaleresque ou de sa modestie. C'est dans cette guerre qu'il puisa les principes républicains qui ont guidé sa conduite jusqu'à sa mort.

En 1783, il retourna dans son pays, où il fut élu membre du parlement irlandais.

Dans sa vie parlementaire il se fit remarquer par une probité politique, qui devrait être donné en exemple aux hommes de notre temps ; rangé sous le drapeau de Grattan et de Curran, il vota toujours avec eux pour la défense de la Liberté.

Éperdument amoureux d'une de ses cousines qu'on refusa de lui donner en mariage, au désespoir, le cœur brisé, il partit, en 1788, pour rejoindre son régiment à Halifax ; il était alors chef de bataillon. C'est à cette époque qu'il se livra à d'amères réflexions sur les maux que causent à la famille humaine, la pompe, le luxe, qu'entraînent les gouvernements monarchiques, qui font un si grand contraste avec la simplicité, l'égalité, l'indépendance et le bonheur de la vie républicaine.

Rappelé en Angleterre, il reprit sa place au parlement d'Irlande, et, en opposition avec ses parents, il se plaça du côté des libéraux ; ce qui arrêta son avancement militaire. Rien alors ne le gênant plus auprès du gouvernement, il s'attacha à ses compatriotes Fox et Shéridan, et embrassa, comme eux, en 1792, les nouveaux principes politiques de la France ; il les professait même ouvertement au parlement, et l'on a entendu dire publiquement à Fox que s'il avait en Angleterre quelques hommes de la trempe de lord Edward, il n'hésiterait pas un instant à se lancer dans une révolution. Ce fut à cette époque que Fitzgerald partit avec une députation anglaise pour présenter une adresse de félicitations à la Convention nationale. Remplis d'enthousiasme pour cette Assemblée législatrice de l'univers, Fitzgerald et ses compagnons déposèrent leurs titres de noblesse sur la tribune des Jacobins en signe qu'ils renonçaient à leurs priviléges, et contribuèrent selon leurs fortunes à augmenter les fonds qu'on levait alors en France pour faire la guerre. Pendant son séjour à Paris, il épousa la fille de Madame de Genlis et de Philippe-Égalité. Ce mariage excita contre lui toutes les haines de l'aristocratie et son nom fut effacé de la liste des officiers anglais.

Sur ces entrefaites, les *United-Irishmen* (Irlandais-Unis) formèrent à Dublin une association ayant pour emblême une harpe irlandaise, surmontée d'un bonnet de liberté. Le vice-roi proscrivit ce drapeau, par une proclamation, comme étant séditieux. Une adresse de félicitations ayant été votée par le parlement au vice-roi, lord Edward, ne pouvant plus se contenir, se leva précipitamment et dit avec beaucoup d'énergie, en s'adressant au président : « Monsieur, je donne à cette adresse ma plus sincère désapprobation, car je regarde le lord-lieutenant et la majorité de cette chambre comme les sujets les plus mauvais que le roi possède. » Les cris : « A la barre ! à la barre ! Notez ses paroles ! » s'élevèrent aussitôt de tous les coins de la salle. Le lendemain, lord Edward parut à la barre ; on voulut qu'il se rétractât, mais il ne donna pas d'autre satisfaction que les paroles suivantes : « On m'accuse, dit-il, d'avoir déclaré que je regardais le lord-lieutenant et la majorité de cette chambre comme les sujets les plus mauvais que le roi possédât. Je l'ai dit, c'est vrai, et j'en suis fâché. » Dès ce moment, on le vit opposé, presque toujours seul, à toutes les mesures du gouvernement.

Les Irlandais, auxquels les Anglais refusaient d'accorder les droits politiques, embrassèrent avec ardeur, en 1792, les principes républicains. L'Angleterre, effrayée, fit tout ce qu'elle put pour les faire révolter, afin de les priver de leur parlement. L'agitation et l'effervescence des esprits étaient grandes. L'un des principaux chefs, lord Edward, agit avec beaucoup de prudence, afin de ne pas compromettre le mouvement, et, malgré la surveillance active dont il était l'objet, le gouvernement anglais ne put légalement le trouver en défaut. Grâce à l'activité d'Edward, la société des United-Irishmen prit des développements très grands dans le pays; ses membres s'élevèrent bientôt au nombre de trois cent mille hommes armés et équipés. Parmi les républicains irlandais, quelques-uns voulaient qu'on ne comptât que sur la nation elle-même pour agir; le plus grand nombre, et parmi eux se trouvait lord Edward, demandait qu'on reçût l'aide et le secours de la France. Le comité s'arrêta à ce dernier parti. Il fut donc décidé que lord Edward partirait pour le continent afin de se mettre en rapport avec le Directoire. Pour ôter tout soupçon à l'ennemi, on arrêta qu'il n'irait pas en France, mais bien à Bâle, où il devait conférer avec le pouvoir exécutif de la France. Il s'y rendit donc, en 1796, et, après bien des pourparlers, le gouvernement français consentit à confier au général Hoche la conduite d'une expédition en Irlande. Les Irlandais acceptèrent ce secours, à la condition qu'on leur laisserait payer tous les frais de l'expédition. Cette convention conclue, lord Edward alla retrouver sa femme qu'il avait laissée à Hambourg; mais, chemin faisant, il se trouva malheureusement en compagnie d'une dame, la maîtresse d'un ami de Pitt, et, en sa présence, il parla, avec sa franchise habituelle, de tout ce qui venait d'être fait. Celle-ci n'eut rien de plus pressé que de dévoiler le secret. Cette indiscrétion devait avoir les résultats les plus désastreux.

Le général Hoche, après bien des retards et des obstacles imprévus, quitta le port de Brest avec quarante-trois vaisseaux et quinze mille hommes. Il est certain que si cette armée fût descendue en

Irlande, aidée par le peuple irlandais, elle aurait alors délivré le pays du joug anglais. Mais le malheur voulut que cette flotte fût dispersée et en partie détruite par le mauvais temps, en vue du port irlandais ; de sorte que, des quarante-trois vaisseaux, seize seulement, avec six mille cinq cents hommes, purent s'approcher de la côte, attendant que le reste de la flotte pût se rallier. Théobald Wolfe Tone, Irlandais d'origine, nommé général de brigade par le gouvernement français pour cette expédition, pria, les larmes aux yeux, le général Grouchy de débarquer avec ce qu'il avait de troupes, lui assurant que la vue de l'uniforme français électriserait les habitants, et que l'Irlande serait sauvée. Celui-ci ne voulut pas engager sa responsabilité en l'absence du général Hoche, et, ne le voyant pas revenir, il se retira ; la flotte revint à Brest, après quinze jours d'absence, sans avoir rencontré un seul vaisseau ennemi. Ce qui prouve que le général Wolfe Tone avait raison, c'est qu'en 1798, lors de la seconde expédition française, qui réussit encore plus mal que la première, Humbert, qui avait débarqué avec onze cents fantassins seulement, pénétra en Irlande et parcourut, sans être inquiété, cinquante lieues dans un pays où il y avait cent cinquante mille hommes de troupes. Non seulement il mit en déroute une armée régulière de six mille hommes, qui s'opposait à son passage, mais il s'empara de plusieurs magasins de l'armée anglaise où il se pourvut d'artillerie et de munitions de guerre, et se maintint pendant dix-sept jours dans le cœur de l'Irlande. Les généraux anglais les plus capables du temps étaient aussi d'avis que si cinq mille Français avaient pu débarquer en Irlande, le pays était libre. Si le peuple irlandais avait obéi à sa seule impulsion, il est plus que probable qu'il aurait reconquis son indépendance; mais la division, les luttes intestines, des rivalités religieuses entre les presbytériens du nord et les catholiques, nuisirent à l'organisation de la défense.

Cependant, l'oppression et les provocations exercées par le gouvernement envers les chefs de corps, organisés par tout le pays, forçaient ceux-ci à se préparer décidément aux événements qui approchaient. Parmi les membres les plus actifs et les plus zélés, on comptait lord Edward. La révolution allait éclater, lorsqu'un traître infâme, nommé Reynolds, vendit le secret pour de l'argent. On arrêta plusieurs chefs; lord Edward se cacha et continua à diriger le mouvement. Le misérable Reynolds, qui possédait toute sa confiance, le voyait à chaque instant et rapportait très régulièrement au gouvernement ce qui se préparait.

Tenant tous les fils du complot entre ses mains, le gouvernement anglais employait tous les moyens pour exciter le Peuple à l'insurrection avant l'arrivée de la seconde expédition française qu'on attendait très prochainement. On organisa sur tout le pays un régime de terreur épouvantable. Les habitants étaient soumis au supplice du knout, à la torture. La campagne, désolée, n'offrait aux yeux que des maisons livrées aux flammes, appartenant *aux suspects*. Tous les chefs arrêtés, et lord Edward caché, il ne restait plus, pour contenir le Peuple jusqu'au moment opportun, que Lawless, qui plus tard devint général en France, et perdit une jambe à la bataille de Walcheren.

Sur ces entrefaites, Hoche mourut. Bonaparte n'était pas ami des Irlandais ni de leur cause, les républicains lui inspirant de la défiance. Reniant les principes qui avaient fait sa gloire et rêvant déjà peut-être la tyrannie, il ne pouvait regarder d'un bon œil les Irlandais, cette race de martyrs, chez lesquels l'insurrection se transmet héréditairement depuis des siècles comme quelque chose de sacré. Plus tard, Napoléon a bien regretté cette conduite; écoutons-le à Saint-Hélène : « Si, a-t-il dit, au lieu de l'expédition de l'Egypte, j'eusse fait celle de l'Irlande, si de légers dérangements n'avaient mis obstacle à mon entreprise de Boulogne, que pourrait l'Angleterre aujourd'hui? »

Edward, toujours caché, d'après les conseils de ses amis, sortait déguisé tous les soirs et passait quinze jours dans un endroit, un mois dans un autre. Impatient des retards que la France mettait à envoyer des secours, le Peuple décida qu'il se lèverait seul, et pria lord Edward de se mettre à sa tête. Il y consentit; mais il voulut auparavant faire un dernier appel à la France, et demanda au Directoire cinq mille hommes aguerris; ayant essuyé un refus, on décida qu'on se mettrait en campagne.

Le gouvernement, voyant quel rôle actif jouait lord Edward dans les événements du jour, offrit une récompense de vingt-cinq mille francs à celui qui l'arrêterait, ce qui hâta l'explosion. On décida qu'une levée générale de toute l'Irlande aurait lieu le 23 mai 1798, et que lord Edward, chef de l'insurrection, ne passerait pas plus d'une nuit ou deux dans le même endroit. Plusieurs escarmouches eurent lieu chaque jour entre sa garde et les soldats du gouvernement.

Trahi par un autre misérable, qui découvrit sa retraite, les séides de la police fondirent sur lord Edward; une lutte s'engagea, et on ne put s'emparer de lui que lorsque, criblé de blessures, perdant son sang, presque mort, toute résistance lui était interdite. Il fallut toute une compagnie de soldats pour désarmer un seul homme !

On le transporta au château de Dublin, où l'on trouva sur sa personne des papiers contenant le plan de l'attaque de Dublin, qui lui avait été confiée, ainsi que d'autres notes très importantes sur le plan général de l'insurrection. Mis au secret, afin d'être jugé pour crime de haute trahison, l'on ne permit plus à personne de le voir, et peu de temps après on annonça qu'il était mort de ses blessures ; mais tous les Irlandais sont unanimes pour dire qu'il fut assassiné, le gouvernement voulant par là éviter à l'aristocratie anglaise et à deux familles puissantes, la honte de voir un des leurs monter sur l'échafaud, et empêcher le retentissement du procès d'un patricien mourant pour la Liberté. Après la mort de Fitzgerald, ses biens furent confisqués au profit de la couronne, quoique aucun jugement n'eût été rendu contre lui. Noble victime, quel dévouement peut surpasser celui de lord Edward Fitzgerald ? Appartenant à la première famille d'Irlande, ayant une fortune indépendante, une femme charmante, de beaux enfants et la certitude d'une brillante position sous le gouvernement, s'il avait daigné soutenir ses mesures, il a mieux aimé se consacrer entièrement à l'émancipation de sa patrie, à laquelle il a tout sacrifié, jusqu'à son sang. Honneur à lui ! sa mémoire vivra éternellement dans le cœur de tous les Irlandais.

John Cashin.

LE PEUPLE FRANÇAIS

Martyr,

En Février 1848.

I.

Deux ans ne sont pas encore écoulés depuis que Février vit le triomphe du Peuple sur la Royauté, de la Démocratie sur l'Absolutisme; et cependant voilà longtemps déjà que les vainqueurs sont honnis, diffamés par les récolteurs de victoire. Le Peuple a fait tuer ses plus héroïques enfants, et les hommes qui profitent de ces morts crachent sur leur tombe; pourtant cette tombe est sous le bronze de la Bastille.

Y aurait-il eu erreur de la part de la France et du Monde, dans le jugement porté sur l'œuvre de Février?

Ces héros en guenilles, mourant de faim, devant lesquels nos grandes dames se pâmaient d'admiration alors qu'ils montaient la garde devant la fortune publique et les richesses privées pour les préserver de toute atteinte, n'étaient donc que les geôliers du Progrès et non de glorieux et obscurs initiateurs de l'Avenir?

Ainsi les cris de joie du Vainqueur n'auraient été que les clameurs du Crime triomphant de la Vertu?

Il n'y aurait pas eu combat du Peuple contre la Royauté; mais lutte des mauvaises passions contre l'éternelle justice?

L'honneur de tout un Peuple n'avait pas été souillé dix-huit années durant par la plus cynique corruption, lorsque ce Peuple se leva?

Ce ne seraient donc pas les vendeurs du Temple que les justiciers populaires ont châtié?

II.

Insensés qui outragez les vainqueurs de Février, avez-vous donc oublié que vous vivez de leur sang?

Diffamateurs de la Révolution, ignorez-vous que vous n'êtes au monde politique que par la grâce de cette Révolution ?

Nérons qui éventrez votre mère, rappelez-vous donc que l'héritier a toujours des larmes à sa disposition pour entendre la lecture du testament qui l'enrichit !

Pleureurs attardés de Louis-Philippe, ne savez-vous pas que ce dernier roi glorifia toujours les héros de Juillet, qu'il eut au moins l'hypocrisie de la reconnaissance pour ceux qui lui donnèrent un trône sans le vouloir?

Mais à quoi songeons-nous de vous reprocher votre franchise ! A défaut d'autres, ayez au moins ce mérite. Vous avez voulu que les situations soient tranchées : nous le voulons aussi ; vous vivez des fruits de la Révolution et vous l'outragez : nous oublions votre ingratitude pour ne nous rappeler que du débat tel que vous l'avez fait. Il s'agit de défendre la Révolution qui entraîne le monde vers l'Avenir, contre les perfides calomnies que vous employez pour faire triompher le Passé. Il s'agit aussi de démontrer la légitimité, niée par vous, des colères populaires qui amenèrent cette Révolution.

Soit !

Résignons-nous ; recommençons la lutte ; faisons juger de nouveau le procès qui se poursuit entre les opprimés et les oppresseurs. Trois générations ont déjà rendu un jugement favorable aux opprimés ; abandonnons le bénéfice de ce jugement et plaidons encore une fois cette cause : que l'Idée qu'elle représente resplendisse, puisqu'on lui jette de la boue.

Montrons la trace du sang populaire sur ces pavés que n'ont plus voulu fouler les courtisanes du Monde-Officiel.

Exhumons les cadavres des Martyrs ; apportons-les à la barre du redoutable tribunal de l'opinion publique ; plaidons leur sépulture : auront-ils les Gémonies ou le Panthéon ? C'est à vous à répondre, vous pour lesquels ils sont morts : vous qui vivez dans la faim, la soif, le froid ; vous qui êtes brisés par le travail, sans espérer d'autre repos que la tombe ; vous dont les filles sont fatalement la proie de la prostitution ; vous qui êtes esclaves sans patrie ; venez tous et jugez-les ! Jugez-les aussi, vous qui êtes justes quoique dans la prospérité.

On a accusé par la Calomnie, nous défendrons par l'Histoire telle que l'Avenir l'écrira.

III.

Les adversaires gagés de la Révolution française prétendent que la chute de Louis-Philippe n'a été l'affaire que d'un coup de main condamné par la France. C'est une erreur volontaire de leur part. Ils savent mieux que personne combien le dernier roi était impopulaire et méprisé ; s'il n'en avait pas été ainsi, non seulement la Révolution n'aurait pas été acceptée par la France, mais encore elle n'aurait pu franchir les portes des Tuileries. Nous ne donnerons qu'une preuve de l'exactitude de ce que nous avançons, et cette preuve nous la trouvons précisément dans l'absence de toute tentative faite pour défendre les Orléans, de la part de ceux qui calomnient avec le plus de véhémence Février 1848. Or, on connaît assez l'esprit vénal de ces hommes, pour être convaincu que s'il y avait eu la moindre chance de sauver la dynastie de Juillet, ils l'auraient tenté, afin de pouvoir continuer l'exploitation de la France, comme ils la pratiquaient depuis bientôt dix-huit ans.

Louis-Philippe est tombé sous le mépris public : ses pensionnaires l'ont abandonné exactement comme le valet déserte la maison en état de faillite.

Libres aux incapables, qui gouvernaient alors la France, d'attribuer au hasard leur chute : les hommes qui pensent savent le contraire, et l'on ne fera pas prendre le change au Peuple qui a fait la Révolution.

IV.

Les Révolutions ne s'improvisent pas : elles se préparent durant de longues années. Lorsqu'elles font explosion, c'est la sève de l'Esprit Humain trop comprimée qui fait éclater l'arbre social. Les gouvernements intelligents évitent ces explosions en faisant des réformes en temps utile ; les aveugles en sont victimes, elles les surprend : de même qu'un coup de foudre par un ciel serein étonne les ignorants. Coup de foudre et révolution ont une cause : le savant explique l'une, c'est à l'homme d'État, digne de ce nom, à prévoir l'autre.

Ce n'est donc pas aux Peuples qui font des Révolutions qu'on doit reprocher les destructions que ces grandes régénérations humaines déterminent ; mais bien aux hommes qui gouvernent lorsqu'elles éclatent et qui par leur incapacité, les rendent nécessaires et providentielles.

Si les Révolutions peuvent être retardées, elles peuvent aussi être accélérées lorsque des hommes de génie sont à la tête du Progrès humain. C'est ainsi que la Première République a renversé la Royauté plusieurs années avant son heure, parce que les premiers révolutionnaires savaient être dignes de leurs noms. Ils ne se bornaient pas à parler, ils agissaient ; ils organisaient la victoire de la Démocratie en profitant des lourdes fautes de l'Absolutisme. Mais qu'on ne s'y trompe pas, les talents, les vertus des Robespierre, des Camille, des Danton, des Marat, etc., ne firent que hâter l'éclosion de la République ; malgré leur génie supérieur, ces hommes et leurs amis n'auraient rien pu réaliser si la Grande Révolution n'avait été en germe fécond dans le sein du Peuple : quatorze siècles d'oppressions servaient alors de Précurseurs à la Liberté ; les Montagnards firent seulement avancer son heure, qui sans eux eût sonné un peu plus tard.

Le contraire est à remarquer sous la Restauration et pendant le règne de la monarchie d'Orléans. Alors, si les chefs de la Démocratie avaient été plus capables, Bourbons aînés et Bourbons cadets ne seraient pas restés deux années debout ; s'ils sont tombés, ce n'est que par la force des choses : de la même manière que tout seuls tombent de l'arbre les fruits pourris. Ce sont là des vérités élémentaires.

<h2 style="text-align:center">V.</h2>

1830 et 1848 ne sont que des phases de la Révolution de 1789, qui elle-même n'est qu'une période du Progrès. — 1830 et 1848 devaient se produire si 1789 représentait une vérité. De même, si on achève de renverser la Démocratie française actuelle ou si on ne lui laisse pas prendre tous ses développements, on peut prédire une nouvelle Révolution et fixer d'avance l'époque où elle devra éclater par la force des choses, abstraction faite de l'influence des chefs de parti ; influence d'ailleurs nulle de nos jours, lorsqu'elle n'agit pas en sens contraire ; c'est-à-dire : influence précipitant le mouvement Démocratique lorsque l'Absolutisme tente de l'arrêter, le retardant lorsqu'au contraire les hommes qui se sont faits les chefs de la Démocratie ont la prétention d'agir pour l'accélérer ! Mais, tout compte fait, ces deux actions, qui agissent simultanément en sens contraire et contrairement à la volonté de leurs auteurs, se compensent et le Peuple prépare seul sa Révolution. Il la signifiera à son heure, à moins que quelques hommes à la hauteur des anciens Montagnards, en se révélant tout-à-coup, ne fassent avancer l'aiguille qui marque les secondes sur le cadran du Progrès (1).

VI.

Qu'est-ce que 1789, à part les questions d'actualité de ce temps, sinon une manifestation grandiose de l'Esprit Humain, sous le triple aspect de ses besoins, de ses tendances, de ses aspirations ?

1789 signifie que l'Humanité doit et veut être libre, comme elle entend que tous ses membres soient égaux et reconnaissent la Fraternité.

Cette signification n'a été comprise que des victimes de Thermidor et de quelques-uns de leurs amis contemporains.

Cependant, quoique méconnues par tous les gouvernements depuis Thermidor, les tendances de l'Humanité n'en existaient pas moins à l'état latent dans les entrailles des Peuples ; des circonstances favorables pouvaient les faire se manifester de nouveau au monde. Ces circonstances se

(1) Je nomme Peuple tout ce qui n'a pas de caractère officiel dans aucun parti, soit de la Démocratie soit de l'Absolutisme : c'est-à-dire tout ce qui ne s'imagine pas avoir *une position* à préserver, *un rang* à soutenir, *une influence*, *un talent* à faire valoir ; tout homme enfin qui ne se croit pas *centre d'influence*, qui ne se fait pas *adorateur d'influent*, et je classe dans le Monde-Officiel tout homme ayant ces diverses prétentions, que cet homme soit Absolutiste avoué ou Démocrate de nom.

produisirent sous la Restauration. Les hommes qui gouvernaient alors étaient complètement aveuglés par leurs illusions : tous leurs actes précipitaient le mouvement révolutionnaire à leur insu, à l'insu même des libéraux qui s'étaient octroyés le monopole du Progrès. Les causes locales agirent aussi contre la Restauration : son origine la tuait. Waterloo était un boulet attaché à ses pieds ; mais c'était un puissant véhicule pour la Révolution. En effet, à défaut d'hommes comprenant l'Idée Démocratique pour l'enseigner au Peuple, le fait brutal de 1815 suffisait. Il n'était pas besoin de rappeler sa dignité d'homme au paysan le plus ignorant pour le faire se lever contre l'Absolutisme ; un seul mot tenait lieu de tout enseignement absent, ce mot c'était INVASION : il condamnait à mort le pouvoir des Bourbons, le jour même de leur triomphe.

Mais, grâce à l'ignorance vaniteuse et à l'égoïsme peureux des chefs de l'Opposition, sous la Restauration, l'agonie des Bourbons aînés se prolongea pendant quinze ans. Quelques heures pouvaient suffire pour achever l'existence, comme pouvoir, de cette race épuisée, et parce qu'il plut aux comédiens du libéralisme de faire de la stratégie parlementaire, la France dut subir pendant de longues années les amis de ses ennemis.

Les Deux cent vingt-un, n'étant pas démocrates, n'ont pu faire la Révolution de juillet : les Ordonnances avaient autant raison contre eux, qu'eux contre les Ordonnances ; ils le savaient, c'est ce qui occasionna leur hésitation lorsque Juillet surgit ; les signataires et les conseillers des Ordonnances ne l'ignoraient pas aussi, et c'est ce qui faisait leur audace.

Deux cent vingt-un et Ordonnances se trompèrent, ils se croyaient seuls, face à face, et ne prirent pas garde au Peuple.

Le Peuple fit Juillet : les plis d'un drapeau tricolore, jetés au vent, lui suffirent : son moment était venu, la goutte d'eau qui fait déborder le vase était tombée.

VII.

Comme tous les Peuples qui se soulèvent avant d'avoir formulé exactement ce qu'ils veulent, le Peuple français ne sut pas profiter de sa victoire.

Il avait versé son sang pour sa cause ; ce sang profita aux habiles. La Révolution fut confisquée par eux !

Faute d'un avertissement, le Peuple se laissa tromper. Vainqueur des Bourbons aînés, il ne pouvait comprendre que leurs successeurs continueraient la même politique. De tous ces libéraux qui avaient tant parlé contre la Restauration, il ne s'en trouva pas un assez démocrate pour prévenir le Peuple de la vérité ; ils préférèrent tous se ruer sur les places : c'était plus lucratif !

Mais si une Révolution peut être confisquée par l'intrigue, on ne peut supprimer de même les causes qui l'ont amenée. Un observateur attentif n'eût pas tardé à s'apercevoir de cette vérité le jour même de l'intronisation de Louis-Philippe.

Le Peuple reconnut bientôt qu'on l'avait trompé ; il était trop tard ; il dut se résigner à attendre une occasion pour punir les parjures. Alors commença ce travail pénible que le Peuple fit sur lui-même, pour se rendre compte de ses pensées, de ses espérances, pour donner un corps à toutes ses aspirations. Alors aussi commença cette longue série de dix-huit années d'ignominie, qui devait amener Février 1848 ou tuer la France.

VIII.

L'astuce du nouveau roi ne le cédait qu'à sa rapacité ; son premier acte fut une spoliation envers la France : Il s'y prit de telle sorte, la veille de sa nomination officielle, que ses biens ne lui appartenaient plus, alors que devenant roi il aurait dû les échanger, selon l'ancien usage, contre une liste civile. Il eut ainsi la liste civile et conserva ses biens ! Ce coup de maître donnait la mesure de cet homme. Il ne se borna pas là. Il y eut peu d'années de son règne sans qu'il fît quelque demande d'argent, soit pour des indemnités qu'on lui devait, disait-il, soit pour doter ses enfants ou assurer le douaire de ses brus. Le scandale devint si grand qu'enfin la Chambre des députés, où cependant la majorité était de ses amis, fut contrainte d'avoir la pudeur de repousser plusieurs de ses prétentions !...

Comment le Peuple français aurait-il pu estimer cette dynastie d'Orléans, qui ne se révélait à lui que pour lui demander de l'argent ?

IX.

En faisant sa Révolution de Juillet, la France espérait se venger de 1815 ; elle voulait humilier les Rois qui l'avaient humiliée : Toute la politique de Louis-Philippe eut pour base la soumission absolue de la France à la diplomatie de la Sainte-Alliance. Non seulement il admit 1815, mais encore il avilit l'honneur national partout et toujours. En Belgique, en Suisse, en Italie, en Espagne, en Egypte, à Constantinople, en Allemagne, en Angleterre, en Russie, en tous lieux, sous Louis-Philippe, la France fut la servante des rois. Jamais la politique française ne fut plus abjecte ; il est même douteux que dans aucune nation, à aucune époque, il se soit trouvé un gouvernement prenant à tâche d'abaisser son pays autant que l'administration de Louis-Philippe a abaissé la France. Pendant seize années, le système de politique extérieure de Louis-Philippe se traîna de honte en honte jusqu'à l'égout de l'affaire Pritchard qui acheva de dévoiler, aux yeux des plus incrédules, le degré de honte où la dynastie de Juillet était parvenue!

Ce n'était pas seulement pour sa satisfaction personnelle que le Peuple français voulait abaisser les rois ; mais aussi pour les autres Peuples, ses frères. En rêvant à une revanche de 1815, la France ne songeait pas à asservir les Peuples : c'était des gouvernements qu'elle voulait se venger, et sa vengeance consistait à donner la liberté aux nations. Aussi cria-t-elle : *Vive la Pologne! Vive l'Italie!* et fit-elle entendre ses plus terribles imprécations contre Louis-Philippe lorsque, par sa politique tortueuse, cet homme eut conduit la Pologne et l'Italie à leur perte.

Le Peuple français ne pouvait estimer un roi qui trahissait ainsi toutes ses espérances.

X.

Juillet avait agrandi l'horizon du Peuple : il rêva Liberté! et chaque législature lui donnait une nouvelle loi restrictive ; et la liberté de conscience fut opprimée ; et la liberté de la presse fut entravée ; et la liberté de penser, de parler, fut incriminée!

Non! un Peuple ainsi trompé, ne pouvait avoir de respect pour l'imposteur qui l'avait abusé.

XI.

Ce que la France aime surtout, c'est l'intégrité, la probité dans ses gouvernants. Eh bien! jamais un Peuple ne fut plus cruellement déçu sous ce rapport que ne le fût le Peuple français pendant l'administration de Louis-Philippe.

Alors, la fortune publique était au pillage, le budget une hotellerie où tous les souteneurs de la politique orléaniste étaient hébergés.

Alors encore, les entreprises les plus scandaleuses furent tolérées, patronées même : des ministres étaient actionnaires de compagnies à combinaisons aléatoires, et tandis que Louis-Philippe faisait dévaster les forêts de l'Etat pour son propre compte, ses ministres Teste et Cubières étaient convaincus de vénalité, d'autres d'immoralité, un de ses officiers d'ordonnance, Gudin, d'escroquerie au jeu, un Praslin, pair de France, égorgeait sa femme, et mille autres scandales faisaient soupçonner tous les fonctionnaires publics de turpitudes équivalentes.

Alors enfin, les emprunts étaient livrés à l'avidité des banquiers ; les chemins de fer à l'industrialisme d'amis du roi : la France semblait n'être habitée que par des fripons du grand monde.

Une nation qui estimerait un gouvernement donnant naissance à de pareilles choses, les patronant, en partageant même les bénéfices, serait une nation condamnée à mort. Mais, grâce au ciel, la France flétrissait son gouvernement et n'attendait qu'une occasion pour le renverser.

XII.

Et tandis que le Monde-Officiel, ayant son vieux roi pour exemple, se livrait à toutes ces saturnales, le Peuple français courbé sur son travail manquait du nécessaire, ses enfants mouraient de désespoir et ceux qui survivaient traînaient leur vieillesse sans secours. Et lorsque les cris de douleur étaient trop déchirants, le Monde-Officiel daignait dire : « Il y a quelque chose à faire » ! et il ne faisait rien.

Dans cet enfer, d'où l'Espérance semblait bannie, il advint que l'heure de la Justice sonna par la faute involontaire de ceux qui s'y disputaient la Curée...

XIII.

Tous les intrigants, tous les corrompus n'étaient pas au pouvoir sous Louis-Philippe; il y en avait encore un certain nombre en *disponibilité* qui avaient grande envie d'entrer en activité de service. Il résulta de cette circonstance que la comédie des libéraux de la Restauration se continua durant la monarchie de Juillet : des hommes comme les Odilon-Barrot, les Thiers et autres rêvèrent le pouvoir, non pour changer la politique; mais pour goûter à leur tour des douceurs de la gérance gouvernementale. Tant que ces hommes se crurent à la veille d'obtenir un portefeuille, ils se firent humbles. C'est à peine si dans le parlement ils osaient dessiner une faible nuance entre eux et leurs adversaires : il ne leur manquait que quelques voix pour devenir majorité et ils espéraient les obtenir à force de souplesses. Mais lorsqu'en 1846 les électeurs privilégiés, travaillés en grand par la corruption officielle, eurent donné une majorité formidable à Guizot, les couleuvres se firent vipères, les grenouilles devinrent crapauds. MM. Odilon Barrot, Thiers et consorts, n'espérant plus rien de la chambre des députés, quittèrent tous ménagements et résolurent de recourir aux dernières extrémités pour escalader le Pouvoir.

Le ministère ne voulant pas céder la place, la campagne des Banquets fut résolue. Elle amena l'agitation du Pays qui comprit à ces signes que son heure approchait !... « Les loups se battent entre eux pour la Proie, c'est à la Proie à profiter de cette querelle pour se mettre en lieu de sûreté... » Ainsi parla le Peuple et il se prépara en conséquence.

Ce qu'on devait prévoir arriva : Les ministres s'obstinèrent à garder leurs portefeuilles, Louis-Philippe conserva dans toute son intégrité sa politique corruptrice; puis ministres et roi signifièrent rudement aux Banqueteurs d'avoir à cesser leurs dîners en plein vent. Ceux-ci ne se le firent pas répéter : le jour désigné pour braver la défense officielle, ils désertèrent lâchement la partie. « Ce fait étant accompli, » Louis-Philippe, ses ministres et les autres fonctionnaires repus se tinrent pour vainqueurs.

Il se passa alors ce qui déjà avait eu lieu en 1830, lorsque le Peuple se plaça entre les Deux cent vingt-un qui reculaient et les faiseurs d'ordonnances qui avançaient trop vite : au moment où les Pritchardistes triomphaient et que les Banqueteurs se cachaient, le Peuple vint signifier son compte!...

XIV.

Le 22 février 1848, tandis que la France entière attendait avec anxiété l'issue de la lutte engagée entre le ministère Guizot appuyé ouvertement par Louis-Philippe, et MM. Odilon Barrot, Thiers et leur parti; tandis qu'elle se demandait si cette lutte aurait pour résultat de la relever de son abaissement ou d'achever de l'avilir, le Peuple de Paris descendit dans la Rue pour voir ce qu'on faisait dans le but de sauvegarder son honneur. Les Banqueteurs avaient tant fait de bruit que le Peuple avait fini par les prendre au sérieux : il s'imaginait naïvement trouver parmi eux les chefs dont il croyait avoir besoin pour vaincre !

Or, voici ce que le Peuple de Paris vit dans les rues de sa ville, le 22 février 1848 :

L'air ruisselait d'eau. A travers les brumes de

Février, le Peuple eut comme une Vision : il vit se dérouler devant lui dix-huit années de honte , de misère, de déception !...

Il vit son triomphe de Juillet ; et il se rappela ses espérances.

Il vit la rapacité de son roi, la corruption érigée en code de gouvernement, la vénalité des fonctionnaires ; et il rougit de honte d'avoir supporté cette ignominie.

Il vit la Pologne égorgée, l'Italie déchirée, tous les Peuples opprimés ; et il s'indigna de l'avoir souffert.

Il vit « l'honneur français coulant par tous les pores, » les chevaliers d'industrie de la Bourse glorifiés, les escrocs du grand monde honorés et en pleine prospérité ; et il bondit de colère.

Puis passa devant ses yeux toutes ses misères : ses jours sans travail, son travail sans repos, sa jeunesse sans instruction, son âge viril sans joie, sa vieillesse sans consolation, la Mort assistée de la Faim fauchant ses enfants en bas-âge ! il vit ses filles grandir dans leur beauté pour peupler les orgies de ses oppresseurs ; et il chercha ses chefs pour commencer le combat !...

Puis encore il entrevit un reflet de l'Avenir : il se rappela quelques paroles que des hommes avaient murmurées a son oreille et qui étaient comme les messagères du bonheur futur ; et le cœur du Peuple conçut une grande espérance.

XV.

Et les chefs que le Peuple cherchait n'étaient pas sur le champ de bataille ; ils avaient manqué au rendez-vous : le dernier banquet resta sans orateurs !...

Alors le Peuple cria : *Vive la Réforme !*...

Ce Cri eut de l'écho. Se voyant secourus dans leur

détresse, les Banqueteurs reprirent courage. Ils poussèrent dans la Rue la Garde Nationale officielle qui fit entendre aussi la clameur populaire : *Vive la Réforme !*

Dès ce moment, la partie cessa d'être égale : Guizot s'avoua vaincu, il capitula ; Louis-Philippe consentit à changer les agents de sa politique, tout en conservant la même politique.

Ces choses étaient accomplies le soir du 23 février 1848.

XVI.

Possesseurs du champ de bataille sans avoir combattu, les Banqueteurs voulurent mettre fin à leur comédie : Du moment qu'ils allaient devenir ministres, cela devait suffire : le Peuple n'avait plus qu'à reprendre son collier de misère !

Pour annoncer que tout était fini, l'Illumination fut à l'ordre du jour. Les Banqueteurs illuminèrent, la Garde Nationale illumina, Rothschild même éclaira ses fenêtres : tous crurent qu'à ce signal le Peuple comprendrait qu'il n'avait plus rien à faire.

Le Peuple ne voulut pas le comprendre ainsi.

Il savait que le mal de la France se nommait Louis-Philippe, et, pour guérir ce mal, il voulait chasser Louis-Philippe.

Pendant que les Banqueteurs se congratulaient réciproquement sur les résultats de la journée, le Peuple commença ses barricades.

Mais que pouvaient quelques barricades contre quatre-vingt mille soldats et autant de gardes nationaux ?

On le fit observer au Peuple.

Vains conseils timides !

Le Peuple sentait que son heure était venue ; il persista !

Cependant, Dieu se déclara pour fes opprimés :
Un officier d'infanterie fut pris de vertige : il com‑
manda le feu !...

Pendant une minute, les soldats tirèrent sur .la
foule des promeneurs inoffensifs admirant l'illumi‑
nation des boulevarts telle que l'avaient improvisée
les Banqueteurs satisfaits : et cinquante‑neuf cada‑
vres, deux fois autant de blessés, jonchèrent le pavé
aristocratique des Capucines !... (1)

(1) Les plus habiles diffamateurs de la Révolution ont affirmé
qu'un coup de feu tiré sur le détachement qui gardait Guizot
aux Capucines provoqua le massacre ; et ces hommes ont ajouté
que ce coup de feu partit d'une arme tenue par un Démocrate.

Il n'y eut pas de représailles de la part des soldats, il y eut
vertige : l'officier qui les commandait crut à une attaque de la
foule qui grossissait sans cesse.

Si on veut pourtant qu'un coup de fusil ait déterminé le
massacre, nous le voulons bien aussi ; mais à la condition qu'on
rétablira les faits tels qu'ils étaient connus pendant les pre‑
miers jours de la Révolution.

Selon le récit populaire, voici ce qui serait la vérité.

Le coup de fusil dont on a tant parlé serait parti du jardin du
ministère des Affaires étrangères et aurait blessé le cheval d'un
chef de bataillon. Les provocateurs de cette agression comp‑
taient amener une décharge des soldats sur le Peuple, afin que
le Peuple indigné massacrât ses meurtriers qui étaient en petit
nombre. On espérait ainsi exaspérer l'un contre l'autre, le
Peuple et l'Armée ; et, à l'aide de cette exaspération, on se se‑
rait servi de la garnison de Paris, forte de 80,000 hommes,
pour conserver le pouvoir qui échappait à l'Orléanisme : cela
aurait coûté beaucoup de sang ; mais qu'est‑ce que le sang de
la vile multitude !...

Ce qui confirmerait cette version, c'est que le détachement
du 14e de ligne auteur du massacre, est resté plus d'une heure
livré à lui‑même sans qu'aucun corps de troupe ne fût mis en
mouvement pour l'appuyer ou au moins pour s'informer de ce
que signifiait la décharge des Capucines ; ce qui eût été logique,
si elle avait été une surprise.

Les soldats qui firent la décharge ne durent leur salut qu'à
une circonstance providentielle qui déjoua tous ces calculs,
nous la racontons.

XVII.

Tandis que le Peuple était fusillé à bout portant aux Capucines, que faisaient les hommes de la Démocratie officielle? Heureux et fiers du résultat de la journée, ils encombraient les bureaux de leur organe : le *National de* 1834, ils se félicitaient de la chute de Guizot, s'imaginant, eux aussi, que tout était fini, qu'il n'y avait plus rien à faire!....

Soudain, au milieu de tout ce monde joyeux, un jeune homme se précipite : Il raconte en toute hâte au rédacteur en chef, M. Armand Marrast, l'affreuse boucherie.

On refusait de le croire; mais bientôt vingt témoins arrivent successivement pour confirmer la vérité.

Alors, ne pouvant plus douter de la réalité, celui qui aurait dû, à ce moment solennel, donner le signal du combat, M. Marrast, s'écria :

« — *Ça* confirme ce qu'on vient de nous dire « sur l'ordre donné au commissaire de police du « quartier de briser les presses du *National* et « d'arrêter tous ses rédacteurs : C'EST LE MOMENT « DE PARTIR. »

Et le successeur d'Armand Carel prit son chapeau et s'éloigna, suivi seulement du jeune homme qui avait apporté la nouvelle de mort.

Le chef du Radicalisme officiel gagna son domicile précipitamment. Chemin faisant, il s'égaya beaucoup de « cette idée » que le Peuple avait eue de forcer Rothschild à illuminer!... Cet homme ne comprenait même pas combien le banquier juif désirait que tout finît par des lampions et, dans cette espérance, avec quel plaisir il avait cédé à la fantaisie calculée d'illumination!

Rendu chez lui, comme son compagnon de route

l'interpellait pour savoir ce qu'il fallait faire,
M. Marrast ne trouva pas d'autres paroles que
celles-ci :

« — Si vous allez au *National*, dites que dans une
« demi-heure j'enverrai la *copie!...* »

C'était le Radicalisme officiel qui prenait la fuite
devant la bataille en la personne de M. Armand
Marrast, tout comme les Banqueteurs avaient la
veille déserté le conflit soulevé par eux !...

Ainsi, dans ses trois journées de Février, le Peuple
obéissant à son unique impulsion devait combattre
et vaincre seul.

XVIII.

Celui qui avait accompagné M. Marrast jusqu'à
son refuge, retourna aux bureaux de la feuille radi-
cale : le désert s'y était fait!... Ces salles, naguère
si bruyantes lorsqu'on croyait au succès, étaient
vides, maintenant le danger venu !

De toute cette coterie, un seul homme était resté
à son poste, rendons-lui justice : il se nommait
DORNÈS.

Il sortit avec le jeune messager du massacre, et,
ensemble, ils se dirigèrent vers le champ de la Mort!

Déjà un fort peloton de gardes nationaux de la
3e légion y était; un autre de la 2e s'y rendait.
Quelques hommes courageux les avaient tous précé-
dés depuis longtemps et, après être restés courbés
quelques instants sur la chaussée pour y relever
de pénibles fardeaux, ils formaient un groupe sur la
gauche du boulevart : ils restaient là comme s'ils
veillaient sur un dépôt douloureux.

Les soldats, qui avaient tiré, étaient au milieu de
la chaussée : ils faisaient face à la Garde Nationale.

Dans une rue à gauche, tout un régiment de cuirassiers était entassé pêle mêle.

A un commandement d'un de leurs officiers supérieurs, les gardes nationaux barrèrent le boulevart : ils firent alors face aux soldats.

Gardes nationaux et soldats n'étaient séparés les uns des autres que par un bout de pavé : ce pavé était rouge du sang des victimes ; les cadavres avaient disparu.

Dornès et son compagnon étaient entre l'Armée et la Garde Nationale.

Derrière la milice parisienne, des hommes exaspérés joignaient leurs cris de vengeance à ceux qui étaient poussés par les citoyens groupés à gauche du boulevart.

Or, les gardes nationaux n'avaient pas de cartouches! Ils hésitaient sur la résolution à prendre lorsque, pour les entraîner définitivement dans la voie des représailles, le groupe de gauche s'ouvrit et montra ce qu'il contemplait depuis si longtemps en pleurant.

C'était un monceau de cadavres ! Il y en avait cinquante-neuf !... et parmi eux des femmes, des enfants !. .

XIX.

L'instant était terrible.

Si la Garde Nationale se décidait pour la vengeance et s'avançait à la baïonnette, appuyé d'une masse de Peuple, pas un soldat n'échappait ! et le lendemain, pour venger à son tour ses morts, l'Armée eut fait payer la victoire du Peuple de cent mille citoyens !...

A ce moment, Dornès entendit son jeune compagnon qui lui disait :

« — Faisons partir les soldats !... »

Et Dornès s'avança vers le chef de l'infanterie et lui dit :

« — Allez-vous-en !... »

Et l'officier commanda le départ à ses soldats, qui obéirent.

Pendant ce temps, le compagnon de Dornès s'était approché des cuirassiers et avait dit à leur chef :

« — Partez !... »

Et le commandant de la cavalerie s'éloigna, suivi de ses cuirassiers.

Voyant ces choses, la Garde Nationale se retira aussi. En rentrant dans ses mairies, elle rencontra le Peuple faisant des barricades ; et elle laissa faire le Peuple.

Il était onze heures du soir.

XI.

En s'éloignant du champ de bataille des Capucines, les soldats et les gardes nationaux laissèrent le Peuple seul, face à face avec la Réalité.

Or la Réalité, c'était le Peuple sans chefs pour le guider, la Garde Nationale se croisant les bras et une armée de quatre-vingt mille hommes qui pouvait le lendemain répéter dans tout Paris les scènes sanglantes des Capucines.

Le Peuple comprit cette situation ; il n'hésita pas un instant.

Il y avait sur le boulevart un fourgon qui avait servi dans la journée pour apporter des vivres aux soldats gardiens de M. Guizot. Le Peuple chargea les cadavres sur ce fourgon, il alluma une torche, tout le reste de la nuit il promena le char funèbre dans les rues de sa Ville.

L'intention du Peuple, en agissant ainsi, était de montrer à tous les citoyens ce qui pouvait advenir si on résistait.

Ce char de la mort voulait dire : « Acceptons

notre honte ou préparons-nous à faire des cadavres de nos corps. »

Dans chaque rue où il passa, le lugubre cortége produisit le même effet :

Des sanglots sortaient de toutes les poitrines ; puis, quand la proie de la mort s'était éloignée, que les ténèbres étaient faites, un bruit étrange s'élevait : le fer frappait le fer et la pierre, le pavé heurtait le pavé ; on entendait les lamentations pour les morts mêlées aux chants de vengeance et d'extermination pour le lendemain ! Pendant six heures, cela ne décessa pas. A l'aube du jour, le Titan parisien avait fini son œuvre : en une demi-nuit, il avait construit deux mille forteresses !

Le Drapeau du Peuple était planté sur les Barricades de Février !

XXI.

Le combat commença. Il fut de courte durée :

Partout les soldats refusaient de massacrer leurs concitoyens : il y avait si longtemps que l'Armée méprisait Louis-Philippe !

Dans cette circonstance, que pouvait faire la Monarchie de Juillet ?

Les Aides de camp en corset avaient peur ;

Les Fonctionnaires corrompus se cachaient ;

Les Banqueteurs ambitieux étaient terrifiés ;

Tout ce monde ne disait, ne proposait rien.

Les Radicaux du *National*, épouvantés aussi, proposèrent la Régence.

Au mot de régence, le Peuple fit un pas... et il n'y eut plus de Royauté !...

Dix-huit années d'ignominie furent ainsi vengées en quelques heures par le Peuple seul, complétement seul.

Voilà l'Œuvre de Février.

XXII.

Pourquoi donc les insulteurs du Peuple, maintenant rassurés, n'étaient pas là le 24 Février pour s'opposer au triomphe du Peuple ?

Aujourd'hui on nie au Peuple ses travaux, on outrage sa gloire, on insulte à ses douleurs ! On s'obstine à ne voir dans l'œuvre du Peuple que l'acte d'une poignée de meneurs avides.

Il n'y avait pas de meneurs. Les hommes qui s'étaient imposés comme les chefs du Peuple, n'étaient pas là au moment de la bataille.

L'histoire du règne honteux de Louis-Philippe fit seule la Révolution. Cela est si vrai, que, si on persiste à renouveler cette histoire, elle fera encore une Révolution.

Car il faut qu'on le sache bien une fois pour toutes :

Le Peuple français ne veut plus de honte ; il ne veut plus de corruption ; il ne veut plus que les Nations soient opprimées ; il ne veut plus souffrir la faim et toutes ses autres misères... il ne le veut plus ! il ne le veut plus !...

XXIII.

De même qu'en Juillet, le Peuple ne profita pas de sa victoire en Février : il fut grand, il pardonna ! Les chefs de la Démocratie officielle, déserteurs de la veille, usurpèrent le pouvoir ; ils s'entendirent avec les Vaincus pour asservir de nouveau les Vainqueurs : ce qui fut fait !... — Et cela sera ainsi tant que le Peuple ne voudra pas comprendre qu'il doit faire ses affaires lui-même : Il se bat, il sait vaincre seul, qu'a-t-il besoin de prendre des intendants pour régir les victoires qu'il gagne ?

XXIV.

Cependant, après Février, quelques jours se passèrent au milieu d'une touchante unanimité : il n'y avait que des Républicains en France, s'il faut ajouter foi à toutes les protestations de démocratisme qui se firent alors !

Les anciens oppresseurs trouvaient le Peuple magnanime et le lui disait : tous parlaient de réformes sociales à faire et les énuméraient avec complaisance et enthousiasme.

C'est qu'alors le Peuple était le Maître ! il gardait ses barricades et veillait à la conservation des biens et des personnes, les pieds nus, en haillons, la faim au ventre.

Mais bientôt on défit les barricades, on releva le Peuple de sa faction !

Dès qu'ils n'eurent plus peur, les hommes du Monde-Officiel changèrent de langage :

Lorsque le Peuple demanda qu'on soulageât ses misères, les pharisiens de la Démocratie parlèrent d'un délai pour acquitter leurs promesses.

« Soit ! dit le Peuple, NOUS AVONS TROIS MOIS DE MISÈRE AU SERVICE DE LA RÉPUBLIQUE ! NOUS ATTENDRONS... »

Et le Peuple attendit, et il enterra ses Martyrs.

Gloire à eux ! ils sont morts pour la Vérité. Gloire à eux ! leur sang offert en holocauste a donné la victoire à la Démocratie. Gloire à eux ! mais gardons-nous de les plaindre : ils ont eu le bonheur de ne pas voir ce que nous aurons encore à raconter !...

Après trois mois, la Traite de la misère du Peuple n'étant pas payée, le Peuple signifia le protêt : nous dirons comment. Cela se nomme JUIN MILLE HUIT CENT QUARANTE-HUIT !...

EUGÈNE CARPENTIER.

Mme F.-V. MADERSPACH,

Martyre hongroise,

Battue de verges, à Rusby, en septembre 1849.

Les hommes qui se disent les défenseurs de la Société, et qui n'en sont que la plus sanglante satire, se donnent le monopole de tous les beaux sentiments ; et si l'on raconte leurs actions, il n'en est pas une qui n'outrage le cœur humain. Ils défendent la Famille, et parmi eux il est rare d'en trouver quelques-uns respectant les lois morales que la Famille impose : pour eux la pudeur commence toujours après l'assouvissement de leur haine et de toutes leurs passions.

Ils se nomment les défenseurs de la **Propriété**, et nous les avons vus à l'œuvre dans toute l'Italie, en Hongrie, en Pologne, en Roumanie, en Allemagne : réprimer les Révolutions populaires par le pillage et la confiscation. Ils se disent les piliers de la **Civilisation** et nous les avons vus à Mannheim, à Brécia, à Arad, à Pesth, à Vienne, à Berlin, à Varsovie, et dans cent autres lieux, commettre des actes dont auraient eu honte les Cosaques du Don. Partout l'amour sacré de la Patrie, de la Liberté, du Progrès, de l'Égalité, de la Fraternité, est imputé à crime par ces soi-disant hommes vertueux !

C'est à l'Autriche cependant que revient la palme ; c'est elle qui a produit les plus éminents tartufes de la société : on les a vus à l'œuvre dans toutes les contrées où les populations asservies par cette puissance ont essayé de secouer le joug !

Dans la guerre de Hongrie, il était réservé à l'Autriche et à son porte-hache Haynau de déclarer crime punissable du châtiment le plus infâme l'exercice de l'hospitalité, recommandée cependant par le

Dieu dont les bourreaux autrichiens ont le nom sur les lèvres!

Nous ne nous rappelons pas que pareille infamie ait jamais été essayé en grand. Jamais on ne s'était avisé de condamner aux supplices les plus infâmes celui qui ouvre sa porte aux fugitifs, celui qui donne un morceau de pain au proscrit. Il y a eu des tyrans qui l'ont décrété; mais aucun, que nous sachions, n'a fait exécuter de pareils décrets : les successeurs de Metternich seuls pouvaient l'oser.

Au nombre des victimes du crime d'hospitalité, nous citerons d'abord Madame F.-V. Maderspach, dont le supplice est réservé à ouvrir les yeux aux plus obstinés aveugles sur les mérites des têtes couronnées et des hommes qu'elles emploient.

Voici une des mille circonstances dans lesquelles l'Autriche a commis ce nouveau crime contre l'Humanité.

Bem et Guyon, après la trahison de Gœrgey, obligés de chercher un refuge en Turquie pour conserver aux Peuples des vengeurs futurs, furent reçus un instant à Rusby dans la maison du célèbre ingénieur Maderspach; mais bientôt l'arrivée des bandes de Haynau obligèrent les deux généraux hongrois à partir. Les agents des exécutions de l'Autriche se vengèrent de ce départ sur la famille qui avait donné l'hospitalité aux deux intrépides défenseurs de la Hongrie; cette vengeance fut digne en tout point du pouvoir au nom duquel elle fut consommée.

Madame F.-V. Maderspach fut livrée aux exécuteurs, chargés de lui faire subir toutes les hontes de la fustigation! mais laissons parler la victime. Ses éloquentes douleurs seront plus poignantes que nos paroles; elles sont plus propres à peindre et ses infortunes et l'abjection d'un des gouvernements fondé exclusivement sur *l'ordre officiel.*

La martyre raconte son supplice à une personne qu'elle veut intéresser au sort de son fils, prisonnier de l'Autriche :

« Rusby, 18 septembre.

« Je vous raconterai avec calme le sort de ma
« maison, car mon cœur est devenu de pierre. Une
« armée hongroise a fait sa soumission dans les en-
« virons de notre ville. Des troupes impériales, une
« division de chevau-légers du régiment Lichtens-
« tein, commandée par un capitaine, sont entrées
« dans Rusby deux jours plus tard.

« Mon immense bonheur domestique, bien digne
« d'envie, peut seul m'avoir suscité, à Rusby, des
« ennemis qui s'étaient proposé de le détruire, car
« ma conscience ne me reproche aucune autre
« faute. Deux familles, ignorantes et de basse classe,
« se sont jointes au capitaine pour me perdre.

« Bref, arrachée aux bras de mon époux, aux ca-
« resses de mes enfants, aux saintes murailles de
« mon foyer domestique, inviolable et sacré, sans
« qu'il y ait eu plainte, interrogatoire ou juge, j'ai
« été placée dans un carré de soldats, dans ma pro-
« pre ville, en présence de la population, habituée
« à me respecter, non parce que j'étais la femme de
« son seigneur, mais parce que je méritais son es-
« time par ma conduite. Là, j'ai été frappée de ver-
« ges ! J'écris ces mots sans mourir. Mon mari s'est
« tué. Privé d'armes, il s'est donné la mort avec un
« mortier. Un cri d'horreur est monté au ciel. J'ai
« été traînée à Karansebes. Le Peuple voulait mas-
« sacrer les instigateurs de ces forfaits ; ils n'ont dû
« la vie qu'à la protection de la force armée.

« Mon fils aîné, fait prisonnier avec l'armée de
« Gœrgey, a été envoyé comme simple soldat en

« Italie. Ma misère est au comble. Pouvez-vous
« comprendre l'état de mon âme? Vous n'avez pas
« connu mon mari. Il n'y a pas, il n'y aura jamais
« de caractère aussi noble, aussi élevé, aussi digne
« d'être adoré que le sien. Ses œuvres intellectuelles
« sont connues; il est l'inventeur des ponts en fer à
« voûte. Le monde a perdu en le perdant. Mon in-
« fortune ne connaît pas de bornes. Les souffrances
« que j'ai endurées sont sans exemple. Ma douleur
« sera éternelle. Vous devez comprendre que je ne
« puis songer qu'à mon malheur. Un seul désir me
« fait vivre. c'est de délivrer mon fils. Il a été trans-
« porté à Graëtz. Si vous avez des connaissances
« dans cette ville, pensez à mon enfant. Il n'a que
« 18 ans.

« F.-V. MADERSPACH. »

Les hommes qui ont livré cette mère infortunée au
fouet de leurs soldats, sont les mêmes, de cœur
et d'âme, qui, en France, après Février, se vau-
trèrent aux pieds du Peuple pour mendier son par-
don ; que ceux qui, par la bouche du roi de Naples
et du roi de Prusse, crièrent *Vive la Révolution*,
quant ils avaient peur de cette Révolution alors victorieuse. Ce sont les mêmes enfin, qui partout, une
fois vainqueurs du Peuple par ruse et trahison, ont
usé des plus sanglantes représailles envers ceux qui
les firent trembler un instant et qui pardonnèrent
toujours.

Ils sont les mêmes chez tous les Peuples :

Vaincus, ils rampent; vainqueurs ils mordent.

Ils sont vils dans l'adversité, et dans la prospérité
ils fouettent des femmes !

Et qu'on ne dise pas que les ordonnateurs du supplice de Madame F.-V. Maderspach ont été désavoués :
l'Absolutisme ne décourage pas ainsi les plus fidèles

interprètes de ses sentiments : il les récompense. Ce n'est pas seulement à Rusby qu'on a livré des femmes au fouet des soldats, c'est aussi à Milan, c'est aussi en Pologne, c'est partout où ont triomphé les hommes ayant l'intérêt pour mobile de leurs actions.

Les fouetteurs de femmes ne sont pas seulement Croates, ils sont aussi Français : la France se rappelle avec horreur et dégoût des scènes semblables à celles de Rusby, qui se passèrent en 1815 sur les places publiques de Nîmes, d'Avignon, de Marseille, alors que les vainqueurs se nommaient Légitimistes : qu'on cesse donc de vouloir nous faire illusion en attribuant à des mœurs grossières de soldats sauvages des actes approuvés ou commis avec délices par les plus *illustres* champions des races royales et que récompensent les rois par des décorations ou un bâton de maréchal.

Et si on doute encore que la solidarité entre les hommes du passé se rencontre aussi dans ces actions dégradantes, nous n'ajouterons plus qu'un mot pour la rendre incontestable :

Lorsque le Peuple de Londres a vengé l'Humanité sur le fouetteur de femme Haynau, n'avons-nous pas vu tous les journaux, tous les hommes de la Réaction insulter le Peuple de Londres ?

Et lorsque l'empereur d'Autriche, voulant effacer l'humiliation que venait de subir son bourreau en chef Haynau, en lui confiant de nouvelles dignités et en lui faisant faire une réception splendide, n'avons-nous pas vu les mêmes journaux, les mêmes hommes de l'Absolutisme glorifier l'empereur d'Autriche ?

M. PUGET.

Conditions de la Souscription

Les MARTYRS formeront trois volumes in-18 de 432 pages chaque qui seront publiés en douze livraisons.

La livraison brochée est de 108 pages. Il en paraît une par mois.

La première livraison est en vente, la seconde sera publiée dans le mois de décembre 1850.

PRIX DE LA LIVRAISON :

50 centimes pour Paris ; 60 cent. par la poste ; pour les pays à surtaxe postale, la surtaxe en sus.

En payant les douze livraisons à l'avance, on les reçoit franco à domicile.

Le volume : 2 fr. pour Paris, 2 fr. 50 pour les départements.

REVUE DE LA LIGUE DES PEUPLES.

Cette publication, organe de la Société, est arrivée à son quatrième numéro mensuel. Le cinquième ne sera publié que lorsque la souscription ouverte permettra de faire paraître, sans interruption, *la Revue de la Ligue des Peuples*, simultanément en Français, en Allemand et en Italien.

Un numéro de la Revue, pour toute l'Europe : 30 centimes ; — hors d'Europe : 60 centimes.

NOTA. — *La Société de la Ligue des Peuples* fera paraître prochainement le *prospectus* détaillé de ses diverses publications.

Paris.—Impr. PREVE et Comp., rue J.-J.-Rousseau, 15.